Kirsten Bruhn

Mein Leben und wie ich es zurückgewann

neues leben

Inhalt

Prolog

Liebe Leserinnen und Leser,
Sie halten mein Buch in den Händen. Möglicherweise haben Sie meinen Namen bereits in den Zeitungen gelesen oder sind durch eine Vortragsreihe auf mich und mein Schicksal aufmerksam geworden. Ich befinde mich in meinem fünften Lebensjahrzehnt, sitze im Rollstuhl und bin bei drei Paralympischen Spielen angetreten. Ich habe gewonnen, habe Rekorde aufgestellt und Medaillen mit nach Hause genommen. Alle Anstrengungen haben sich gelohnt, auch wenn sie manchmal mit vielen Entbehrungen verbunden waren.

Ich liebe meinen Sport. Ob ich jedoch auch als Athletin ohne Querschnittlähmung so erfolgreich gewesen wäre, möchte ich lieber nicht hinterfragen. Zwar habe ich nach meinem Unfall lange Zeit gebraucht, um wieder zu einer gewissen, zu der mir möglichen Normalität und damit in die Spur des eigentlichen Lebens zurückzufinden, doch so viel scheine ich dabei nicht falsch gemacht zu haben.

Wenn ich den Zuhörern meiner Impuls-Vorträge von meinem Schicksal berichtete und davon, wie ich anfangs verzweifelt bin, weil mir die Kraft gefehlt hat, mich gegen die Schmerzen und die Mutlosigkeit aufzulehnen, hörte ich oft, ich solle meine Erfolgsgeschichte aufschreiben. Weil ich den Kampf gegen mich selbst gewonnen hätte. Da draußen gäbe es bereits unzählige Biografien – da fehle meine mit Sicherheit nicht, wich ich regelmäßig aus. Zudem hatte ich Bedenken, so viel Persönliches preiszugeben. Meine größte Sorge war, mit einem Buch meinen eigenen

Ansprüchen nicht gerecht zu werden. Doch die Idee blieb lange Zeit im Hinterkopf.

Als die Nachfragen schließlich immer zahlreicher und fordernder wurden und mir dann Jörg Lühn, ein sehr kompetenter Sportjournalist aus meiner Heimatstadt Neumünster, nach einem Interview ebenfalls gut zusprach, beschloss ich, das Projekt in die Tat umzusetzen. Jörg und ich kennen uns seit vielen Jahren, schon aus der Zeit, als ich noch Fußgängerin war. Aufmerksam hat er meine Karriere verfolgt, schrieb über meine sportlichen Leistungen und Stationen. Er stand am Beckenrand und am roten Teppich, verfasste Texte, in denen ich mich wiedererkannte. Und er wurde mir ein guter Freund. Vor über zwei Jahren schlug er mir vor, mich beim Schreiben meiner Biografie zu unterstützen.

Vielleicht ist mein Leben ja doch an der einen oder anderen Stelle interessant und kann diejenigen motivieren, die ebenfalls eine persönliche Krise bewältigen müssen. Das hoffe ich und wünsche ich mir sehr!

Natürlich habe ich in dieser Biografie versucht, meine Geschichte so authentisch wie möglich zu schildern. An viele Details kann ich mich noch sehr gut erinnern, andere sind mir im Laufe der Jahre entfallen oder sind unscharf geworden. Vieles und eben auch manch Unschönes ist verblasst – sicherlich eine Schutzmaßnahme des Körpers, ohne die mein Weg noch schwerer zu bewältigen gewesen wäre.

Meine Eltern und meine Geschwister waren mir beim Erinnern eine große Hilfe. Durch ihr Erzählen haben sie mit mir zusammen alles noch einmal durchlebt und sind damit eigentlich ein zweites Mal durch die Hölle gegangen. Es war damals, Anfang der Neunziger, für uns alle keine einfache Zeit gewesen, denn das sogenannte normale Leben war gewaltig auf den Kopf gestellt worden. Nur gemeinsam konnten wir das durchstehen.

Das Schwimmen half mir, gegen mein Unglück, gegen die Schmerzen anzukämpfen, und bescherte mir einzelne, später immer mehr Glücksmomente. Ich schwamm, um zu überleben; ich bin ins Leben zurückgeschwommen.

Nach der Europameisterschaft im Jahr 2014 im niederländischen Eindhoven habe ich meine internationale Sportlerkarriere beendet. Inzwischen wohne ich zusammen mit meinem Freund Phillip, der als Diagnostik- und Techniktrainer am Olympiastützpunkt Berlin arbeitet, in der Hauptstadt, und auch beruflich habe ich mich neu orientiert. Seit April 2012 bin ich Angestellte des Unfallkrankenhauses Berlin, einem hochmodernen klinischen Zentrum zur Rettung und Rehabilitation Schwerverletzter aus dem gesamten Bundesgebiet, und tätig in der Pressestelle als Botschafterin für Reha und Sport. Ich halte Impuls- und Motivationsvorträge.

Inklusion, also die bedingungslose Zugehörigkeit des Einzelnen zu einer Gruppe, ist dabei für mich eines der wichtigsten gesellschaftlichen Themen geworden. Der Kinofilm »Gold – Du kannst mehr als Du denkst«, in dem ich mitgewirkt habe, spielt für die Vermittlung dieses Gedankens eine zentrale Rolle. Er wird zur Sensibilisierung an Schulen, Universitäten und in anderen Institutionen gezeigt. Zusammen mit der Deutschen Gesetzlichen Unfallversicherung (DGUV) ist es den Produzenten Andreas F. Schneider und Hendrik Flügge sogar gelungen, dass der Film in Hamburg und Bremen verpflichtend ins Schul- und Unterrichtssystem aufgenommen worden ist. Es wäre schön und wünschenswert, stünde Inklusion dauerhaft und flächendeckend auf dem Lehrplan. Erst dann ist es möglich, Vielfalt tatsächlich einen Raum zu geben.

Geleitwort von
Franziska van Almsick

Liebe Kirsten,

endlich habe ich einmal die Gelegenheit, Dir ein paar Worte mit auf den Weg zu geben: Ich finde, dass Du eine unglaubliche Athletin bist. Was Du im Schwimmen erreicht hast, das habe ich in meiner zwölfjährigen Laufbahn trotz aller Anstrengungen nicht geschafft.

Es ist einfach unfassbar, wenn man einen Blick auf deine Vita wirft: Weltrekorde und Europarekorde reihen sich aneinander. Dazu hast du Gold-, Silber- und Bronzemedaillen bei Europa- und Weltmeisterschaften sowie Olympischen Spielen gewonnen. Wahnsinn!

Natürlich habe ich die Paralympischen Spiele in London 2012 verfolgt. Als erste Athletin hast Du zum dritten Mal Gold über 100 m Brust nach 2004 in Athen und 2008 in Peking gewonnen. Um diese Leistung in Worte zu kleiden und entsprechend zu würdigen, fehlen mir die Superlative.

Vor Dir und Deiner Leistung kann wirklich jeder nur den Hut ziehen. Du bist eine ganz tolle Botschafterin für den Sport – gerade für das Schwimmen. Wer Dir die Hand reicht, spürt: Du bist eine ganz starke Frau.

Herzlichst
Franziska van Almsick

Kirstens Geschichte ist eine mutige Geschichte

von Britta Steffen

Meine erste Begegnung mit Kirsten bleibt mir unvergessen. Es passierte im Frühjahr 2008, im Sportforum Hohenschönhausen in Berlin. Ein Tag, an dem mich zufällig meine Mutter beim Training besuchte. Ich befand mich zu dieser Zeit in der intensiven Vorbereitung auf die Olympischen Spiele in Peking und hatte nur das eine große Ziel vor Augen – den Olympiasieg. In dieser Phase galt es, mich auf mich selbst zu konzentrieren und stets bei mir zu bleiben. Das hieß zugleich auch, dass ich keine Erweiterung meines Freundes- oder Bekanntenkreises suchte. Trotzdem interessierte ich mich sehr für Kirsten, und ich wollte gern erfahren, warum sie im Rollstuhl sitzt. Eine Frage, die man nicht mal eben so en passant unter der Dusche stellt.

Meine Mutter erzählte mir ganz aufgeregt, was für eine nette Frau Kirsten sei, und ich wünschte mir, dass sie bald wieder zum Training ins Sportforum kommen würde. Und so war es dann auch. Wir begannen, uns gegenseitig mit einem Lächeln zu grüßen und manchmal auch ein paar Worte zu wechseln. Wir näherten uns langsam an.

Im Herbst 2009 wurden Kirsten und Phillip Semechin ein Paar. Phillip ist ein sehr guter und besonderer Freund von mir, und so kam es, dass ich über ihn Kirsten richtig kennenlernte. Wir gingen zusammen frühstücken, und ich mochte ihre Klugheit, ihre zurückhaltende und bedachte Art sofort. Sie war anders, sie beeindruckte mich. Ich war

13

von ihr begeistert und fasste schnell Vertrauen. Immer, wenn sie in Berlin war und es die Zeit erlaubte, trafen wir uns, tranken einen Kaffee, aßen zusammen beim Italiener, lachten viel und erzählten uns unsere Geschichten, die sich mal glichen, mal unterschieden – die aber ein Band knüpften, wie ich es bis dahin noch nicht kannte.

Ich bewundere Kirsten für ihre Stärke, ihren Mut und ihren Charakter. Es ist immer eine Freude, sie zu sehen und Zeit mit ihr zu verbringen. Ich bin gespannt auf dieses Buch, weil die Zeit noch nicht ausgereicht hat, um Kirsten so gut kennenzulernen, wie man Freunde kennen sollte. Sie hat mein Leben enorm bereichert, und durch ihre eigene Geschichte kann sie auch anderen Mut machen, das Leben so zu nehmen, wie es eben ist. Denn das große Glück zu erkennen, das wir Menschen in der heutigen Zeit haben, fällt vielen schwer. Es tut daher gut, mutige Geschichten zu hören und zu erfahren, dass das Leben vielfältig ist. Gerade wegen seiner Brüche ist es interessant – und vor allem lebenswert.

Alles Liebe
Britta Steffen

Die Tragödie, der Unfall

Hinter mir liegt eine turbulente Phase. Wegen der akuten Krankheit meines Bruders habe ich meine Au-pair-Zeit in Amerika etwas verkürzt und bin früher nach Hause zurückgekehrt als geplant. Jan hat mit dreiundzwanzig Jahren eine Herztransplantation gut überstanden. Alle sind ziemlich mitgenommen, doch langsam kehrt in unsere Familie wieder Ruhe ein.

Auch ich will die Aufregung der letzten Wochen vergessen und ein bisschen ausspannen. Mein Freund Hauke hat zwei Wochen Griechenland-Urlaub für uns gebucht. Er ist Torwart und wird mit seiner Wasserballmannschaft von meinem Vater trainiert. So haben wir uns kennengelernt. Ziel unserer Reise ist die Mittelmeerinsel Kos, drittgrößte Insel in der östlichen Ägäis, der türkischen Küste vorgelagert. Es ist unser erster gemeinsamer Urlaub. Seit knapp einem Jahr sind wir nun ein Paar, haben uns davon jedoch viereinhalb Monate nicht gesehen. Eine lange Zeit der Trennung, besonders, wenn man einundzwanzig ist. Doch jetzt wollen wir endlich zusammen Spaß haben, die Zeit nachholen. Den Alltag mal links liegen lassen und gemeinsam Sommer, Sonne, Strand und Meer genießen.

Die griechische Sonne brennt. Das macht mir kaum etwas aus. Ich liebe diese Wärme, die Hitze. Am Tage herrschen weit über dreißig Grad. Hauke hat damit schon größere Probleme. Er verzieht sich am liebsten unter den Sonnenschirm, eine Art Riesenstrohhut, den wir zusätzlich mit den beiden Liegen für einen stolzen Preis am Strand mieten. Mit den anderen Urlaubern liegen wir in Reih und

Glied. Wie panierte Ölsardinen. Doch das alles stört uns nicht. Hauke und ich wollen richtigen Strandurlaub machen. Lesen, Baden, Wasserski Fahren, Schnorcheln – ein bisschen relaxen, ein bisschen Nervenkitzel.

Angesichts unseres schmalen Budgets haben wir nur »Bed and Breakfast« gebucht. Zum Glück. Schlange stehen vor einem überfüllten Hotelbüffet muss nun wirklich nicht sein. Nach dem Strand springen wir erst einmal unter die Dusche. Unser Bad ist klein, sehr klein. Nach jeder Dusche ist alles überschwemmt. Wir nehmen es gelassen, cremen uns dick mit After-Sun-Lotion ein und spazieren dann los, um uns für den Abend eine kleine gemütliche Taverne zu suchen. Wir wollen Händchen halten und nebenbei die griechischen Köstlichkeiten genießen.

Die Temperaturen sinken auch am ersten Abend nur auf knapp vierundzwanzig Grad. Ständig wedeln wir mit irgendwelchen Servietten, Postkarten oder Ausflugsflyern vor unsern Gesichtern rum. Die einzige erholsame Erfrischung liefert uns der Inselwind, der dann und wann als leichte Brise um die Ecke weht. Da es im Hotelzimmer keine Klimaanlage gibt, ist die Nacht strapaziös. Der Schweiß läuft unaufhörlich.

Tagsüber bewegen wir uns so wenig wie möglich. Ich bleibe am Strand, während Hauke loszieht und sich ein Motorrad mietet. Das Werbeschild haben wir am Straßenrand entdeckt. Mein Freund liebt es, Motorrad zu fahren. Auch zu Hause hat er eine Enduro. Das ist ein geländegängiges Motorrad, aber für den Straßenverkehr zugelassen und dementsprechend mit den nötigen Sicherheitsvorrichtungen ausgestattet. Nachdem Hauke sich am Morgen mit der Crossmaschine vertraut gemacht und schon ein paar Runden gedreht hat, kommt er zum Strand zurück, um mich für eine Erkundungstour über die Insel einzusammeln.

»Da gibt es eine wunderschöne Stelle, direkt am Meer, mit einem einmaligen Panoramablick«, versucht er, mich zu überzeugen. »Wirklich, die Sicht ist sensationell!«, setzt er hinzu und lächelt.

»Ich weiß nicht«, äußere ich meine Bedenken. Natürlich hat Hauke einen Motorradführerschein und ich bin zu Hause schon öfter bei ihm mitgefahren, aber die fremde Maschine und die griechischen Straßen sind mir nicht ganz geheuer. Außerdem fehlt uns die angemessene Schutzkleidung.

»Ich fahre vorsichtig, versprochen«, sagt er, und ich stimme schließlich zu. Die Maschine rattert los. Fest schlinge ich meine Arme um Haukes Bauch. Das ist erstmal recht schwitzig, bis der Fahrtwind angenehme Kühlung bringt. Meine Anspannung lässt nach, und ich freue mich auf unsere Inseltour.

Hauke fährt sehr vorsichtig. Er macht leichte Brems- und Beschleunigungsübungen. »Alles okay?«, ruft er, und ich recke meinen rechten Daumen in die Höhe. Er nickt. Ich fühle mich sicher.

Auf dem Weg nach Zia, das im Zentrum der Insel liegt, fahren wir vorbei an blühenden Gartenanlagen, hinauf in die Weinberge. Über ein paar Serpentinen erreichen wir das alte Dorf, das knapp dreihundertfünfzig Meter über dem Meeresspiegel liegt. Es ist ein mühevoller Weg, aber Hauke hatte recht: Zwischen Töpferwaren und Teppichen genießen wir den Ausblick über das weite Meer und die Küstenlinien. Fröhlich und ausgelassen beginnen wir am frühen Nachmittag unsere Rücktour. Unterwegs mache ich Fotos von der Landschaft, von den typischen weißen Häuschen mit blauen Fensterläden und üppigen Blumenrabatten. Hier und da lugt ein Kirchturm hervor, in dem die Glocken hängen und in der Sonne glänzen. Hauke fährt sehr besonnen und langsam. Schneller vorwärtszukommen, ist wegen der Straßenverhältnisse auch gar nicht möglich. Die Strecke ist kurvenreich, die Randstreifen unbefestigt. Wenn Gegenverkehr naht, wirkt es schon bedrohlich genug, da braucht man echt keine Raserei.

»Du Idiot!«, schreit Hauke plötzlich und meint damit den Jeepfahrer, der die Bergauf-Linkskurve schneidet. Ich blicke über die Schulter meines Freundes und wundere mich, warum der andere nicht auf Haukes Hupen reagiert, nicht einlenkt, sondern weiter direkt auf uns zukommt. Warum, verdammt noch mal, warum bremst du nicht?, hallt es durch meinen Kopf. Nur knapp zischt der Jeep an uns vorbei. Hauke versucht auszuweichen und vergrößert den Kurvenradius. Wir scheinen normal weiterzufahren, aber dann kann er die Maschine nicht mehr halten, die im Kurvenscheitel ohne Vorwarnung plötzlich abschmiert. Das Motorrad befindet sich in absoluter Schieflage.

Es scheppert. Metall schiebt sich über den Asphalt. Wie auf einer Wolke fliege ich durch die Luft, im Kopf bleibt das Bild in Zeitlupe hängen. Bin ich gleich tot? In Sekundenbruchteilen läuft vor meinem geistigen Auge mein bisheriges Leben ab. Alle wichtigen Momente meiner einundzwanzigeinhalb Lebensjahre: Kindergarten, Schule, Schwimmmeisterschaften, Abitur, Amerika, Mama, Papa, meine vier Geschwister. Aber die vermeintliche Wolke löst sich in Luft auf; die Landung auf der Erde ist knallhart. Ich falle in eine Kuhle am Straßenrand. Im ersten Moment spüre ich keine Schmerzen. Nach den ersten Schrecksekunden will ich mich aufrappeln. Doch es geht nicht. Mich durchfährt ein Schreck. Ein spürbarer Ruck ist das Letzte, was ich wirklich bewusst wahrnehme. Mein Schutzengel ist verreist.

Als ich die Augen wieder aufschlage, fehlt mir jegliche Orientierung. Wo bin ich? Wie lange habe ich geschlafen? Ich liege rücklings auf dem Boden. Im Sand. Auf Steinen. Ich kann sie mit meinen Händen fühlen. Ich starre in den blauen Himmel. An meine Beine denke ich in diesem Moment nicht.

»Wir sind gestürzt«, teilt mir Hauke mit angstvoll geweiteten Augen mit. »Ist alles in Ordnung, kannst du aufstehen?«

Meine Gedanken sausen durch alle Gliedmaßen, bis in die Fingerspitzen, bis in die Zehen. Es ist wie ein inneres Abtasten, doch ich erhalte keine Rückmeldung. Ich versuche vorsichtig, mich zu regen. Nichts rührt sich. Die Anweisungen an meinen Körper verpuffen. Ich liege und schaue, mehr nicht. »Nein, ich kann nicht aufstehen!«, platzt es aus mir heraus.

Hauke will mir hoch helfen, lässt dann aber von mir ab. Er beginnt zu rufen: »Wir brauchen einen Arzt, schnell!«, und läuft aufgeregt hin und her. Touristen, die neben uns anhalten, versuchen, mir so gut wie möglich beizustehen. Mit Handtüchern spenden sie Schatten, flößen mir etwas zu trinken ein. Der Jeep hingegen, der den Unfall verursacht hat, ist längst weitergefahren. Der rasante Fahrer hat weder sein Fehlverhalten noch unser Unglück bemerkt. In seinem Leben hinterlassen wir keine Spuren.

Einheimische scharen sich um die Unglücksstelle. Die Verständigung ist schwierig – wir sprechen kein Griechisch, die anderen kein Deutsch. Alle mühen sich im Englischen, um wenigstens irgendwelche Absprachen zu treffen. Das nächste Haus sei weit entfernt, versucht uns ein Grieche verständlich zu machen. Ein Krankenwagen ist offenbar nicht aufzutreiben. Nach Ewigkeiten hält neben uns ein Kleinbus. Wie ein Rettungsfahrzeug sieht der allerdings nicht aus. Vielmehr ähnelt er einem Bus vom Militär. Die Bänke sind entfernt.

Vier Männer legen mich – an Armen und Beinen anfassend – gemeinsam auf die Ladefläche. Ich habe Schmerzen, schreie, muss weinen. Hauke hockt neben mir, hält meine Hand, versucht sich in tröstenden Worten. Er hat nur ein paar Schürfwunden an Armen und Beinen davongetragen, muss später an einem Zeh genäht werden. Über Stock und Stein fahren wir ins Staatliche Krankenhaus Hippocrates nach Kos-Stadt. Ohne eine wirbelsäulenschonende Vakuum-Matratze, die mir, so erfahre ich später, wohl mein Leid erspart hätte.

So gelange ich ohne eigenes Zutun in die Hände von Hippokrates' Erben. Ich sehe provisorische Kabel von der Decke hängen. An den Wänden der Notaufnahme stehen rostige Gasflaschen herum. Mein Vertrauen in die medizinische Versorgung, sofern ich es überhaupt habe, schwindet zusehends. Die Schmerzen werden unerträglich. Ich verfalle in Selbstgespräche. Singsangartig flehe ich meinen Körper an, alle Hilfszellen zu aktivieren.

Inzwischen eilen Ärzte und Schwestern herbei. Hauke versucht, ihnen den Unfallhergang zu schildern und meine Lage klarzumachen. In einer Sprache, die mehr durch Hände als durch Wörter bestimmt wird. Kaum einer versteht ihn. Hilflosigkeit und Furcht sind ihm ins Gesicht geschrieben. Er ruft unsere Reiseleiterin an, die sich sofort auf den Weg zu uns macht.

Die Ärzte sprechen viel und schnell. Und alle durcheinander. Ich habe Angst und bekomme wahrscheinlich Beruhigungsspritzen und Schmerzmittel verabreicht. Bei dem ganzen Firlefanz schreie ich vor Schmerzen so laut wie nie zuvor und nie mehr wieder.

Eines wird mir in diesen Momenten immer klarer: Ich kann meine Beine nicht bewegen, habe kein Gefühl in den Füßen. Angestrengt schaue ich auf meine Zehen, die unter der Bettdecke hervorlugen. Eine Frage rast durch mein Gehirn: Warum spüre ich nichts? Die Ärzte signalisieren meinem Freund nach einer Reihe von Untersuchungen, dass sie hier, auf der Insel, nichts für mich tun könnten. Ich solle zur weiteren Begutachtung aufs Festland. Offenbar fehlt es auf Kos an den notwendigen Geräten.

Endlich erscheint die Reiseleiterin auf der Bildfläche und klärt für mich die Frage der Weiterbehandlung. »Die Ärzte raten dringend, Sie nach Deutschland zurücktransportieren zu lassen«, übermittelt sie mir. Ich bin wahrscheinlich ihr erster Fall, für den es nicht nur Ausflugsziele und Flugdaten zu koordinieren gilt. Einerseits sehe ich im Rücktransport die Chance, mit den modernsten und besten Methoden und Geräten untersucht und behandelt zu werden und bei meiner Familie zu sein, andererseits wird mir bange, wenn ich an die Flugzeit von über drei Stunden denke. Außerdem haben Hauke und ich keine Auslandskrankenversicherung abgeschlossen. Das wird also teuer.

Hauke versucht, Kontakt zu meinen Eltern in Neumünster herzustellen. Ich werde in ein tristes Krankenzimmer geschoben.

»Ein Flugzeug vom Deutschen Rettungsflug ist unterwegs«, sagt Hauke nach einem Telefonat mit Mama und Papa. »Wir fliegen noch heute Abend nach Hause.« Er atmet tief durch und versucht, bei seiner Ansage ruhig und beherrscht zu wirken. Ich merke aber, wie besorgt und ängstlich er ist.

Etwa vier Stunden später ist endlich der Rettungsflieger da. Ich werde als Schwerverletzte auf einer wackeligen Trage an Bord geschoben. Inzwischen ist es wieder Morgen geworden. Ich atme die noch kühle Luft ein, um klare Gedanken fassen zu können. Ich will nur noch nach Hause. Hauke nimmt auf dem Notsitz Platz und sinkt augenblicklich in sich zusammen.

»Wir können nicht starten«, höre ich plötzlich den Piloten aus dem Cockpit sagen, »das Fahrwerk zeigt einen Fehler an.« Die Vorderachse des Flugzeugs sei gebrochen, erklärt man uns. Die Maschine hält quietschend am Ende der Startbahn. Der Wahnsinn geht weiter. Kommando zurück. Man rollt mich in den Sanitätsraum der Abflughalle, zurück zu den Dilettanten aus der Klinik, bei denen ich mich weder ruhig noch sicher fühle. Stattdessen spüre ich Schmerzen und Angst, Wut und Verzweiflung. Eine furchtbare Mischung. Hauke hält meine Hand.

»Das Flugzeug zu reparieren, kostet zu viel wertvolle Zeit«, sagt man uns. »Der ADAC entsendet so schnell wie möglich eine zweite Maschine von München aus. Ihre Eltern haben das in die Wege geleitet.« Ich merke, wie ich immer schwächer werde. Meine Hoffnung sinkt in Richtung Nullpunkt. Doch irgendwann, bestimmt erst einen Tag später, landet das zweite Flugzeug auf Kos. Der Start klappt, es gibt keine weiteren technischen Komplikationen. Wir sind unterwegs zurück nach Kiel. Ein Wirrwarr an Gedanken tobt in meinem Kopf. Die Schmerzen sind schier unerträglich. Doch irgendwann schlafe ich vor lauter Erschöpfung ein.

Kindheit und Jugend

In meinem Geburtsjahr 1969 betritt der erste Mensch den Mond. Ich komme am 3. November in Eutin im Osten Schleswig-Holsteins zur Welt. Ich sei ein lebhaftes Kind, stellen Nachbarn, Freunde und natürlich meine Eltern fest. Sie nennen mich sogar einen Wirbelwind. Klar, still rumzusitzen, macht keinen Spaß und ist langweilig, und ja, ich spiele gern, aber bin ich deshalb gleich lebhaft? Macht das nicht jedes Kind?

Ich bin das jüngste Mitglied der Familie. Seit März 1964 wohnen meine Eltern in einem Mehrfamilienhaus in der sogenannten Rosenstadt inmitten der Seenplatte der Holsteinischen Schweiz. Ein schönes Fleckchen Natur. In Eutin-Hubertushöhe ist die Landespolizeischule angesiedelt, wo mein Vater als Ausbilder arbeitet. Bei ihm lernen die jungen Polizeianwärter den Umgang mit den Waffen. Dazu betreut mein Vater den technischen Bereich.

Wir leben in einer gewöhnlichen Vier-Zimmer-Wohnung: Wohn- und Schlafzimmer, zwei etwa gleich große Kinderzimmer, Küche und Bad. Die Spielmöglichkeiten sind auf dem engen Raum ziemlich begrenzt. Aber mein Vater hat im Türrahmen eine Schaukel angebracht, auf der ich am liebsten sitze. Ich hole Schwung, pendele hin und her, sause an den anderen vorbei, fliege über ihren Köpfen. Manchmal fühle ich mich schwerelos. Außerdem kann ich wunderbar träumen auf meiner Schaukel.

Wir sind insgesamt drei Mädels und zwei Jungs zu Hause. 1962 ist als erstes Kind meine Schwester Inka zur Welt gekommen. 1964 folgte mein Bruder Arne, 1966 meine Schwester Sonja, 1967 mein Bruder Jan und 1969 dann schließlich ich. Fünf Kinder unterschiedlichen Alters mit unterschiedlichen Charakteren, Interessen und eigenen Besitzansprüchen in einem Haushalt bedeuten unweigerlich Turbulenzen. Oft und viel. Von Ruhe gibt es demnach keine Spur. Besonders gerne zanke ich mich mit meinem Bruder Jan. Anderntags verbünden wir uns gegen die Großen. Mein großer Bruder Arne muss oft auf mich aufpassen. Er ist mein Beschützer, wenn mich jemand ärgert. Wir Kinder werden in einer Welt mit drei Fernsehprogrammen groß, ABBA, Smokie und die Bee Gees dudeln im Radio, man trägt Miniröcke, Schlaghosen und lange Haare, und grellbunte Tapeten und Flokatiteppiche sind modern.

Mein Vater spezialisiert sich bei der Eutiner Polizei auf Kraftfahrzeuge und wird Fahrlehrer. Landesweit wird jedoch eine Stelle als Schirrmeister bei der Polizei in Neumünster ausgeschrieben. Dort ist Papa geboren, und gern möchte er zurück in seine Heimatstadt, die fast im Zentrum Schleswig-Holsteins liegt. Das Angebot, zur Kriminalpolizei zu wechseln, lehnt er ab. Er will nicht irgendwohin verschoben werden, sondern seinen Werdegang selbst bestimmen. Wäre es nach seinem Dienstgrad und seinen Dienstjahren gegangen, hätte mein Vater weiter warten müssen. Doch aufgrund des angestrebten Verjüngungsprozesses innerhalb des Polizeiapparats hat er Glück. Er wird nach Neumünster versetzt.

Meine Mutter Heike, die in Itzehoe geboren ist, stellt ihren Beruf als staatlich geprüfte Kosmetikerin zum Wohl der Familie immer schon hinten an. Pediküre und Maniküre bräuchte man überall, und »Da, wo Papa sich wohlfühlt, tu ich's auch«, sagt sie.

Im ersten halben Jahr pendelt mein Vater zwischen Eutin und Neumünster hin und her. Er hat geregelte Arbeitszeiten, geht immer zur selben Zeit aus dem Haus und kehrt abends pünktlich zurück. Im März 1973 ergattern wir dann eine Wohnung im Stadtteil Tungendorf, und ich – inzwischen drei Jahre alt – komme in den Kindergarten der Andreas-Gemeinde. Sofort gehöre ich zur Froschgruppe. Viel lieber wäre ich in der Kükengruppe untergekommen.

Frösche sind quakig, Küken puschelig. Trotzdem habe ich mit meinen neuen Freunden eine schöne Zeit. Besonders ans Herz wachsen mir die Kindergartenhelferinnen Ute und Helga. Sie singen viel mit uns und lesen vor. Ein Highlight ist das Fest zum Fasching, zu dem sich alle Kinder gern verkleiden. Einmal reite ich als Squaw durch die Räume, ein andermal schlurfe ich als Clochard umher. Nur Prinzessin will ich nie sein. Bei meiner Verkleidung als Maus hat sich Mama besonders ins Zeug gelegt: Ich trage einen schwarzen Anzug mit gestreiftem Röckchen und riesiger passender Schleife auf der Brust, Plüschohren auf einem Drahtgestell am Kopf, sodass sie richtig in die Höhe ragen, und bin wie fürs Theater geschminkt. Auf meinen Aufzug sind die anderen Kinder ein bisschen neidisch.

Mein Vater engagiert sich schon früh ehrenamtlich. Unter anderem ist er auch immer bei der Polizeisportschau mit von der Partie, die im November 1972 erstmals in der Neumünsteraner Holstenhalle präsentiert wird. Hier treten neben Polizeistaffeln bekannte Sportler auf und zeigen ihr Können, es gibt Marschmusik und ein abwechslungsreiches Programm. Sogar englische, dänische und amerikanische Polizeiorchester kommen zu Besuch und lassen das Publikum über ihre tollen Uniformen staunen. Eigentlich ist diese Show nur ein Ableger der Kieler Veranstaltung, dennoch entsteht daraus mithilfe des Inspektionsleiters im Mai 1973 der Polizei-Sportverein Neumünster. Mein Vater zählt zu den Gründungsmitgliedern des PSV. In seinem Vereinsausweis ist er als fünftes Mitglied registriert. Darauf ist er sehr stolz.

Angeboten werden beim PSV zunächst nur Fußball, die typische Polizeisportart Faustball und der in Neumünster sehr beliebte Handball. Im Oktober 1973 kommt dann endlich auch das Schwimmen hinzu. Das ist eine richtige Punktlandung, denn das Hallenbad ist gerade an das Freibad angebaut worden. In dem haben bereits meine

Geschwister ganze Tage ihrer Sommerferien verbracht. Es liegt im Stadtteil Böcklersiedlung, direkt am Stadtwald, ist weitflächig und beliebt bei Jung und Alt. Später wird das Bad meinen Namen tragen.

Die neue Schwimmabteilung des PSV boomt. Meine Eltern steigen sofort als Trainer ein und fahren mit uns Kindern nahezu täglich zum Schwimmen. In unserem VW-Bulli dürfen sogar meine Freunde mitfahren, sodass wir schnell eine große Clique werden. Unser Familienleben ist, seit ich denken kann, vom Sport geprägt: Mein Vater und meine Mutter schwimmen schon von klein auf und sind seit ihrer Jugend Leistungsschwimmer, Papa spielt außerdem Wasserball, ebenso meine Geschwister. Im Familienurlaub wandern wir zusammen über weite Strecken, die uns Kindern endlos erscheinen. Wir spielen viel am Strand von Nord- und Ostsee. Am liebsten bauen wir mit Papa Sandburgen und toben in den Wellen. Wir sind draußen, wir sind zusammen, und wir haben Spaß. Der Sport hat bei uns allen einen hohen Stellenwert.

Durch die häufigen Schwimmbadaufenthalte wird das Wasser mein Element, die Halle zu meinem zweiten Zuhause. Bereits mit drei Jahren schubst Papa mich ins Wasser und sagt: »Schwimm, oder du hast ein Problem!« Seine Worte zeigen Wirkung, denn ich kann eigentlich sofort schwimmen und tauchen. Ein Wunderkind bin ich deshalb beileibe nicht. Bis zu meinen Erfolgen ist es ein langer Weg.

1976 werde ich in die Rudolf-Tonner-Schule eingeschult und bleibe dort für die ersten zweieinhalb Grundschuljahre. Mama und Papa haben sich inzwischen um ein Eigenheim bemüht und werden im Süden von Neumünster, im Stadtteil Wittorf, fündig. Hier gibt es schlüsselfertige Häuser für zweihundertzwanzigtausend D-Mark. Viel Geld für die damalige Zeit, aber der absolute Renner.

Das Haus besteht aus vorgefertigten Stahlbetonteilen, ist voll unterkellert. Alle Gemeinschaftsräume – rechts die

Küche und das Gäste-WC, gerade durch das sehr geräumige Wohnzimmer – gehen von der großen Diele ab. Das Obergeschoss und den Dachboden baut Papa selber aus, Freunde und Polizeikollegen, die Jungs aus seiner Wasserballmannschaft und meine Brüder helfen ihm dabei. Auch Mama packt mit an, während wir Kleinen draußen auf dem Acker buddeln, der später unser Garten werden soll. In der oberen Etage liegen die Kinderzimmer und das Badezimmer. Inka bekommt ein eigenes Zimmer, wir anderen vier teilen uns jeweils zu zweit einen Raum. Ich ziehe mit Jan zusammen. Wir fühlen uns pudelwohl, haben einen eigenen Garten und sogar eine Terrasse, auf die die Sonne scheint und auf der wir in der warmen Jahreszeit frühstücken. Meine Mutter geht in der Gartenarbeit auf, sie gräbt und pflanzt, mein Vater mäht den Rasen und malt den Zaun, während wir Kinder um sie herum toben und spielen.

Für mich stehen in der neuen Grundschule noch eineinhalb Jahre Lernen an. Die Schule und ich, wir sind eigentlich keine Freunde. Meine Lese- und Rechtschreibschwäche lässt sich einfach nicht mehr leugnen. Mein Schriftbild ist nicht so schön und ebenmäßig wie bei anderen Mädels. Ich habe Schwierigkeiten beim Einhalten der Ränder und Linien und verwechsle ähnlich klingende Buchstaben wie Ö und Ü oder G und K, auch sehen sich B und D verdammt ähnlich. Meine Eselsbrücken funktionieren leider eher selten, und ich versuche, mich um das Schreiben und laute Vorlesen herumzumogeln. Zu Hause höre ich lieber Märchenkassetten, »Hanni und Nanni« und »Hui Buh, das Schlossgespenst«, als selber zu lesen.

Mit Ausnahme meiner Lese- und Rechtschreibschwäche laufe ich aber ganz gut durch den ersten Schulabschnitt. In einem Test wird die Legasthenie anerkannt, und ich werde mit einer Empfehlung für die Realschule entlassen, die ich ab 1980 besuche. Wirkliches Interesse am Lernen habe ich jedoch auch hier nicht, obwohl meine Mutter ziemlich streng die Hausaufgaben überwacht und ich am täglichen Üben kaum vorbeikomme. Sie hat sich extra Diktathefte und Lernvorlagen aus der Bibliothek besorgt, die sie erbarmungslos mit mir durcharbeitet.

Ich mag Biologie und Sport, Fächer wie Mathematik und Physik hingegen liegen mir nicht besonders. Natürlich kann ich rechnen, aber es dauert eben manchmal ein bisschen länger. Was mich total nervt, sind die Vergleiche mit meiner Schwester, die die Lehrer ständig anstellen. Sonja ist eben besonders fix im Kopfrechnen. Na und?! Die Lehrer bewerten das anders und geben sich mit meinen Leistungen nicht zufrieden. Obwohl ich wöchentlich zwei Stunden Förderunterricht erhalte und viel schreiben muss, was ich so gar nicht witzig finde, dauert meine Zeit an der Realschule Faldera lediglich eineinhalb Jahre. Nach der Orientierungsstufe zum zweiten Halbjahr des sechsten Schuljahres muss ich sie verlassen und kehre zurück nach Wittorf, wo ich auch das dritte und vierte Grundschuljahr absolviert habe.

Meinen Alltag bis zur Pubertät kann ich leicht zusammenfassen: Schule, Mittagessen, Schwimmtraining, Hausaufgaben. Über die Pubertät kann man ja geteilter Meinung sein, einfach haben es meine Eltern jedenfalls nicht. Jungs im Allgemeinen finde ich so gar nicht spannend, und das ganze Getue mit Tuscheln, Kichern, Anbändeln geht mir gehörig auf die Nerven. Ich bin der festen Überzeugung, dieser Romeo-und-Julia-Quatsch wird mächtig überbewertet. Irgendwann jedoch erliege ich trotzdem dem Charme eines Jungen aus einer höheren Klasse. Dass er älter ist als ich, finde ich besonders chic. Die paar Jahre mehr Lebenserfahrung bringen ihn schließlich dazu, sich mir auch körperlich anzunähern. Er will mich küssen, was ich ja nun überhaupt nicht prickelnd und viel eher unheimlich finde. Ich flüchte aus der Situation und gehe ihm auch sonst aus dem Weg. Das ist mir alles nicht geheuer, und ich finde Jungs nach dieser Geschichte wieder äußerst sonderbar. Wenig später verguckt er sich in meine Schwester und läuft ihr hinterher. Bei mir ist er damit allerdings endgültig unten durch. Außerdem habe ich anderes zu tun, als mich mit Jungs rumzuärgern.

In dieser wegen meiner Leseschwäche nicht ganz so leichten Zeit ist mir der Sport Trost und Ventil zugleich. Ich fühle mich, als sei ich ganz anders als meine Mitschüler, muss Probleme bewältigen, von denen sie keine Ahnung haben. Beim Training kann ich mich abreagieren und all den Frust rauslassen. Das ist gut. Ich weiß nicht, was ich ohne den Sport und vor allem das Schwimmen machen würde. Durch meine Eltern, die früher selbst im Verein trainiert haben und damit auch recht erfolgreich gewesen sind, verbringe ich sehr viel Zeit im Schwimmbecken. Die Lagen Brust und Rücken beherrsche ich besser als Freistil- und Delfinschwimmen. Inzwischen spiele ich auf Drängen meines Vaters sogar Wasserball. Er ist ziemlich streng, doch das spornt mich an. Der Sport weckt meine Talente, füllt allerdings auch meine Freizeit. Die Wochenenden sind meist verplant für Wettkämpfe und Wasserballturniere im norddeutschen Raum. Je erfolgreicher ich mit den Jahren bin, umso umfangreicher und intensiver ist das Training. Außerdem wird es genau an meine individuellen Fähigkeiten angepasst. Athletik und Krafttraining nehmen ab meinem zwölften Lebensjahr stetig zu.

Ist ein Athlet noch jung, formt und prägt sich sein Körper physisch aus. Das geschieht meist spielerisch. Kommt der Körper dann so langsam in den Wachstumsschub der Pubertät, wird diese Prägungsphase die entscheidendste. Es ist genau der Bereich, in dem sich die Spreu vom Weizen trennt. Entweder bleibt der Athlet bei der Stange und entwickelt Spaß am harten Training, oder er ist bereits am Ende seiner Motivation und gesellt sich zur Spreu.

Ich will zum Weizen gehören und bleibe dabei. Viel Zeit verbringe ich in Schwimmhallen, Krafträumen und

Jugendherbergen. An vielen Wochenenden und in den Fe-
rien sind Trainingslager, Lehrgänge und Wettkämpfe angesetzt. Meine Schulkameraden verbringen ihre Freizeit
am See, in der Disco, gemeinsam musikhörend in engen
Kinderzimmern, ich im Chlorwasser.

1985, mit sechzehn Jahren, steht mein persönliches
Highlight an: die Qualifikation zur Junioren-Europameis-
terschaft in Luxemburg. Das vorbereitende Training umfasst etwa zwanzig Stunden pro Woche. Nicht selten laufe
ich sechs Kilometer von zu Hause zur Schwimmhalle hin,
habe eineinhalb bis zwei Stunden Wassertraining und laufe
dann wieder zurück nach Wittorf. Es ist eine sehr inten-
sive Zeit. Diese Phase ist so voller Power, Wille, Disziplin
und Ehrgeiz, dass mich keiner bremsen kann. Ich will das
alles genau so! – trotz der Härte, der Anstrengung und der
Disziplin, die es mich kostet. Das Ziel ist klar: 100 m Brust
in persönlicher Bestzeit schwimmen und mindestens die
Bronzemedaille gewinnen. Mein Ziel ist es, meine Bestzeit
von 1:18 Minuten zu unterbieten. Um den weiteren Weg
zu den Junioren-Europameisterschaften anzutreten, muss
ich mindestens den dritten Platz erreichen, sonst werde ich
nicht qualifiziert.

Zurück in der Schule in Wittorf, laufe ich durch wie ge-
schnitten Brot. Meine Mathe- und Sportlehrer schließe ich
besonders ins Herz. Ich werde zusehends selbstständiger,
finde eigene Lösungsstrategien und entscheide vieles allein. Mein Vater ist der Elternvertreter unserer Klasse und
setzt sich sehr für die Belange der Schüler ein. Das wird
besonders nötig, als es kurz vor unserem Abschluss großen
Stress an der Schule gibt: Der Rektor verweigert unserem
Jahrgang eine Abschlussfeier, weil sich angeblich ein paar
Klassenkameraden danebenbenommen haben. Die Situation hat sich im letzten Halbjahr mächtig aufgeschaukelt,
doch der im Stadtteil bekannte Bäcker Hansen als Schul-
elternsprecher und mein Vater intervenieren erfolgreich.

Pädagogisch geschickt verhindern sie ein Eigentor des Rektors, nämlich der erste Schulvorsteher zu sein, der eine ganze Klassenstufe ohne Feier ins Leben entlässt.

Auf der Abschlussfeier halte ich zum Erstaunen meiner Eltern meine erste große freie Rede. Ich spreche über die Schulzeit, über das Miteinander, über die Zukunft und darüber, wie toll der Zusammenhalt innerhalb meiner Klasse gewesen ist. Dafür ernte ich viel Beifall. Durch meine Erfolge im Sport bin ich sehr viel selbstbewusster geworden, traue mich, vor anderen auf die Bühne zu treten und laut meine Meinung und Ideen kundzutun. Ein Schritt hin zum Erwachsenwerden.

Inzwischen bin ich eine schnelle Schwimmerin und sammle in den Lagen Brust und Rücken viele Pokale und Medaillen. Trotz der augenscheinlichen Konkurrenz auf dem Startblock und im Wasser verstehe ich mich mit allen in der Trainingsgruppe gut, habe sogar ein paar Freundinnen gewonnen, mit denen ich auch in der Freizeit etwas unternehme und die mich zu ihren Geburstagsfesten einladen. Jeder von uns hat seine Lieblingsdisziplinen und muss bei anderen dafür um so härter trainieren. Freistil, also das Kraulschwimmen, beherrsche ich nicht ganz perfekt, während die Delfintechnik mir am meisten Schwierigkeiten bereitet. Holger Fallesen, unser Trainer, versucht beständig und gezielt, uns mit seiner akribischen Arbeit immer weiter zu verbessern. Er macht uns auch für die norddeutschen Titelkämpfe fit. Das Kachelzählen, wie wir Schwimmer unser Ausdauertraining mit dem stupiden Hin- und Herschwimmen bezeichnen, gehört schon jetzt zum täglichen Brot.

Die Qualifikation für die Junioren-Europameisterschaften schaffe ich nicht. Ich lande auf keinem der ersten drei Plätze und bin extrem enttäuscht. Eine große Leere tut sich in mir auf, und ich verstehe die Welt nicht mehr. Ich habe so viel trainiert, so viel Zeit und Kraft investiert – und doch nicht das Ziel erreicht. Zu gerne wäre ich mitgefahren. Ich bin total demoralisiert, und mir ist klar, dass ich mein weiteres Vorgehen neu überdenken muss. Ein Sportinternat kommt allerdings nicht infrage. So weit weg von meiner Familie zu sein und nur selten mal ein Wochenende zu Hause zu verbringen, das kann ich mir nicht vorstellen, und das will ich auch nicht. So viele Opfer will und kann ich für den Sport nicht bringen. Meine Devise lautet deshalb: Entweder ich schaffe es hier oder eben gar nicht.

Mein Vater kümmert sich derweil um die Wasserballmannschaften im PSV Neumünster. Als die ersten Spielerinnen den Verein verlassen, weil sie ihr Studium beginnen und deswegen in eine andere Stadt ziehen, überredet er mich dazu, zum Team dazuzustoßen. »Du bist doch eine schnelle Startschwimmerin, und die brauchen wir beim Anschwimmen um den ersten Ball«, sagt er. Das ist Motivation pur.

Mein Schwimmtrainer ist über den Vorschlag nicht gerade glücklich. »Wasserball versaut deinen Schwimmstil, das ist Gift für deine Technik«, meint Fallesen und hat damit auch irgendwie recht. Denn während sich beim Freistil der Kopf in Verlängerung der Wirbelsäule gerade im Wasser befindet, ist er beim Wasserball aufgrund des mitgeführten Balls natürlich die meiste Zeit über der Wasseroberfläche. So werden andere Muskelgruppen aktiviert, die Haltung passt sich an die veränderten Begebenheiten an, die Koordination der Bewegungen wird beeinflusst und vom Körper verinnerlicht. Das ist dem Schwimmen nicht unbedingt zuträglich.

Trotzdem willige ich ein. Ich möchte etwas Neues ausprobieren, auch wenn mir das Spielen in der Mannschaft eigentlich nicht liegt. Zwar bin ich sehr wohl teamfähig, stelle aber immer häufiger fest, dass ich trotzdem kein Teamplayer bin. Es beginnt eine Zeit, in der ich vor jedem Spiel und Turnier nervös oder aufgeregt bin. Vom Schwimmen und den Wettkämpfen her kenne ich es ganz anders.

Statt der Aufregung, Anspannung und dem Adrenalin habe ich beim Wasserball eher Schiss. Die Spiele sind hart und nicht selten fies und unfair: Da gibt es Tritte in den Unterleib oder Bisse in den Arm, Brustwarzen werden umgedreht oder der Kopf der Gegnerin wird – ganz nebenbei – untergestukt. Der Schiedsrichter kann seine Augen nicht überall haben, und das aufgepeitschte Wasser tut sein Übriges. Es geht echt brutal zu. Das ist nicht meine Welt.

Meine Welt ist die Bahn. Hier schwimme ich mein Rennen, und am Ende stehen Fakten. Die Zeit, die ich schwimme, gilt es zu analysieren. Entweder es läuft oder es läuft nicht, und das muss ich mit mir ganz alleine abmachen. Beim Wasserball hingegen ist das Spiel mit dem Abpfiff nicht beendet. Es geht dann in der Dusche und in der Umkleide weiter, man wird kritisiert, muss sich rechtfertigen, weil man Teil eines Ganzen ist. Da kommen dann Fragen wie: Wieso hast du die freie Mitspielerin nicht gesehen, warum die und die Chance nicht genutzt? Deine Bogenlampe war ein Witz, deine Spielübersicht miserabel.

Das ist nicht meine Vorstellung von Hobby und Freizeitgestaltung. Also quittiere ich die Mitgliedschaft in der Wasserball-Damen-Mannschaft und kehre auf meine Bahn zurück. Trotzdem haben mich die vier Jahre im Mannschaftssport geprägt. Sport macht nicht nur Spaß, sondern besitzt ebenso erzieherische und lehrreiche Funktion.

Das Abitur und die Pläne

Inzwischen bin ich nach dem Hauptschulabschluss 1985 auf der Elly-Heuss-Knapp-Schule in Neumünster angekommen. Dort entscheide ich mich für den Bereich Gesundheit und Ernährung. Hier werde ich gefördert und vor allem auch gefordert. Innerhalb von zwei Jahren gelingt mir der Realschulabschluss, der mir ein paar Jahre zuvor noch versagt geblieben ist. Natürlich hätte ich das auch einfacher haben können, doch meinen kleinen Umweg werde ich nicht umsonst gegangen sein. Schließlich berechtigt mich mein Abschluss jetzt doch noch dazu, mein Fachabitur zu absolvieren. Vor ein paar Jahren hätte wohl keiner gedacht, dass ich das schaffe.

Kurz nach meinem achtzehnten Geburtstag lege ich im Dezember 1987 meine Führerscheinprüfung ab – als Erste der Familie bei einer richtigen Fahrschule. Meine Mutter und Geschwister haben ihre Übungsstunden bei meinem Vater gemacht. Er war bei der Polizei Fahrlehrer, und so konnten zur damaligen Zeit die Familienangehörigen Unterricht bei ihm nehmen. Bei mir war das leider nicht mehr möglich.

Mein Ziel ist nun das Fachabitur. Manchmal wackele ich gewaltig. Vielleicht muss ich deshalb auch immer wieder an Pudding denken, wenn es um meine schulischen Leistungen geht, und betitele den Abschluss später als Pudding-Abitur. Es ist die allgemeine Fachhochschulreife – und mit dieser und einem Notenschnitt von 2,7 verlasse ich 1990 die Elly-Heuss-Knapp-Schule.

Am liebsten würde ich Medizin studieren, doch leider macht mir der Numerus Clausus einen Strich durch die Rechnung. Außerdem ist die Anzahl der Plätze stark begrenzt, da haben andere Bewerber bessere Chancen. Mithilfe einiger Wartesemester könnte ich die Qualifikationshürde überspringen. Doch die ganze Zeit zu Hause rumzusitzen, wäre wenig effektiv und schon gar nicht produktiv. Nur zu schwimmen, ist auch keine Lösung.

Eine Alternative wäre ein Studium im Osten, denn die Grenzen zur ehemaligen DDR sind ja inzwischen offen. Dresden, Erfurt, Berlin (Ost), Leipzig – die Studienplätze in Medizin und Pharmazie sind auch hier heiß begehrt. In einem *Spiegel*-Artikel aus dem Jahr 1990 wird Peter Müller, Direktor für Studienangelegenheiten an Ostberlins Alma Mater, zitiert: »Die wollen hier Fächer studieren, für die sie in der BRD eine Ablehnung bekamen, vor allem Medizin.« Für mich ist das ein vernichtendes Urteil, ich fühle mich ertappt. Vom angedachten Projekt »Go East« verabschiede ich mich schnell wieder.

Ich überlege, für ein Jahr ins Ausland zu gehen. Mit zwanzig fühle ich mich einfach noch nicht in der Lage, mich auf einen Berufszweig festzulegen. Schließlich sollte es etwas sein, was mir über Jahre Freude bereitet, womit ich mich im Alltag auseinandersetzen muss und womit ich mich identifizieren kann. Ich habe keine Idee, was das sein könnte, wo genau meine Stärken liegen. Und womit ich jahrzehntelang mein Geld verdienen möchte. Deshalb erscheint es mir weitaus sinnvoller, mir noch etwas Zeit zu lassen, um im nächsten Jahr weitere Erfahrungen zu sammeln und meine Sprachkenntnisse zu vertiefen.

Also bewerbe ich mich um eine Au-pair-Stelle in Amerika. Normalerweise dauert es drei bis vier Monate, bis man einen Platz bekommt. Doch ich habe Glück: Über ein Sprachinstitut wird in New Jersey eine Rechtsanwaltsfamilie gefunden, die dringend jemanden zur Kinderbetreuung sucht. Jetzt brauche ich noch ein Visum und muss meine Referenzen vorlegen. Weil ich im PSV Neumünster in das Nachwuchstraining beziehungsweise bei Schwimmkursen eingebunden bin, ist das recht unproblematisch. Schon seit einiger Zeit begleite ich über die Lebenshilfe Neumünster geistig und körperlich behinderte Kinder und Jugendliche und bringe ihnen das Schwimmen bei. Sie haben meist Angst vorm Wasser, und das Lernen benötigt viel Geduld und Einfühlungsvermögen, doch ich habe Freude daran und sehe auch in kleinen Fortschritten einen Erfolg.

Schnell habe ich die notwendigen Unterlagen zusammen und fahre für ein Interview zu dem Institut. Ich schlage mich ganz gut und kann offensichtlich überzeugen, denn ich werde in das Au-pair-Programm aufgenommen. Schon einige Wochen später darf ich meine Reise in die große, weite Welt antreten und bin ziemlich aufgeregt. Der erste Flug und dann noch über den riesigen Atlantik! Zum ersten Mal bin ich allein unterwegs, muss meine Angelegenheiten ohne die Hilfe meiner Familie regeln und meine Entscheidungen ohne jemand anderen treffen. Das ist eine Herausforderung, aber auch die Chance, sich abzunabeln und erwachsen zu werden.

Nach der Landung auf dem Flughafen Newark in New Jersey haben alle ankommenden Au-pairs aus den verschiedensten Nationen eine Einführungswoche in New York. Wir hören, was uns bei der Gastfamilie erwartet, lernen, wie wir uns zu verhalten und was wir für Rechte haben. Nach einer Woche werde ich von meiner Gast-Mutter Marylin Bocchicio abgeholt. Sie und Paul haben drei Mädchen im Alter von drei, fünf und acht Jahren.

Der Tag beginnt pünktlich um 7 Uhr. Bei Krista, Kara und Alexandra ist jeden Tag absoluter Zickenalarm angesagt. Und das auf Englisch. Zum Glück verstehe ich nicht gleich alles. Jammern hilft da gar nicht, das stelle ich schnell fest. Mr. und Mrs. Bocchicio sind zu dieser frühen Zeit bereits bei der Arbeit. Ab 8 Uhr frühstücke ich mit den Kindern und bringe Alexandra um halb neun in die Schule. Anschließend gehe ich einkaufen und koche, am liebsten deutsche Gerichte. Nach meinem Mandarinenkuchen und dem Bauernfrühstück sind die Mädchen ganz verrückt. Später spiele ich mit Krista und Kara, manchmal fahre ich sie mit dem Dodge, den mir Mr. und Mrs. Bocchicio eigens vor die Tür gestellt haben, zu verschiedenen Unternehmungen. Bevor die Eltern zurück sind, müssen natürlich die Zimmer aufgeräumt werden. Den Mädchen fällt es schwer, meinen Namen richtig auszusprechen. Wir einigen uns auf Kirk. So wie der Kapitän von »Raumschiff Enterprise«. Alexandra braucht so gut wie keine Hilfe bei den Hausaufgaben, ganz im Gegensatz zu Kara. Sie ist sehr träge und wenig motiviert, was die Schule angeht. Wer könnte das besser nachempfinden als ich? Der Tag endet nach einem gemeinsamen Abendessen mit der Familie gegen 19 Uhr.

Ein Au-pair zu sein, ist wahnsinnig anstrengend. Ich absolviere nicht selten Zwölf-Stunden-Tage. Die Kinder kosten unglaublich viel Energie. Zwar habe ich mein eigenes Zimmer, bin aber trotzdem eigentlich die ganze Zeit verfügbar. Die wöchentlichen Telefonate nach Hause machen mir Mut, meine Eltern reden mir immer wieder gut zu. Ich reiße mich zusammen, freue mich schließlich, in den USA zu sein und auf eigenen Beinen zu stehen. Hier kann ich ein bisschen Geld verdienen und zudem die englische Sprache lernen. Und New York City ist auch nicht ganz so weit entfernt.

Einmal im Monat habe ich ein Wochenende und mit Glück auch einen Tag in der Woche zur freien Verfügung. Die Freizeit verbringe ich meistens im YMCA, dem Christlichen Verein Junger Menschen. Dort kann ich auch schwimmen. Aber an Training, wie ich es aus meinem Heimatverein kenne, oder etwa an Wettkämpfe ist in dieser Zeit gar nicht zu denken.

Dann wird die fünfjährige Kara plötzlich schwer krank. Das kleine Mädchen muss aufgrund einer Leberzirrhose – eine Leberschrumpfung, die eigentlich nur Alkoholabhängige bekommen – intensivmedizinisch betreut werden. Von diesem Tag an haben meine Au-pair-Eltern kaum noch Zeit für die beiden anderen Kinder. Wenn Marylin im Krankenhaus ist, arbeitet Paul in der Kanzlei. Mir bleibt nichts anderes übrig, als mich um die anderen beiden zu kümmern. Ist Alexandra in der Schule, spiele ich mit Krista. Ablenkung scheint hier die beste Medizin zu sein.

In Neumünster hingegen ist alles in Ordnung. Es scheint aber nur so. In den Telefonaten wird mir nicht alles erzählt. Das spüre ich genau, das sagt mir mein Instinkt. Gerne würde ich gerade in solchen Momenten öfter mit meinen Eltern sprechen. Da die Air-Gespräche aber sehr teuer sind, muss ich mir das öfter verkneifen, als mir lieb ist. So kann ich kaum mal von meinen Alltagssorgen berichten, geschweige denn nachfragen oder eine ausführliche Erklärung fordern, was zu Hause eigentlich los ist.

Plötzlich jedoch erreicht mich ein Eil-Telegramm von meiner ältesten Schwester. »Jan liegt an der Herz-Lungen-Maschine«, schreibt mir Inka. Mein Bruder ist im Krankenhaus? Ist ihm etwas zugestoßen, muss er sterben? Ohne dass ich ihn noch einmal gesehen habe, mich von ihm verabschieden kann? Diese Fragen bewegen mich so stark, dass ich meine Zelte in Amerika sofort abbreche. Die Bocchicios können meine schwierige Situation natürlich nachempfinden und stimmen meiner Entscheidung zu, haben aber große Probleme, so schnell adäquaten Ersatz für mich zu finden. Doch das ist mir in diesem Moment egal, ich will nur nach Hause.

Zwei Tage später bin ich wieder in Neumünster und bespreche mich mit meinen Eltern. Sie meinen, es sei besser, wenn ich meinen Bruder zunächst nicht in der Klinik besuchen würde. Er könnte denken, dass ich nur deshalb aus Amerika zurückgekommen sei, weil er nicht mehr lange zu leben hätte. Das würde ihn nur noch mehr beunruhigen und belasten.

Jan braucht ein neues Herz. Dieser junge, muskulöse, agile Mann, der erst dreiundzwanzig Jahre alt ist? Für mich kaum vorstellbar! Schließlich ist er Sportler, spielt Wasserball und hat ein Angebot von Poseidon Hamburg, also die

Option, schon bald in der Bundesliga zu spielen. Sein Leben hängt nun an einem seidenen Faden. Das ungewisse Warten quält die gesamte Familie. Minuten werden zu Stunden, Stunden zu Tagen. Doch endlich hat unser Bangen ein Ende: Jan hat Glück. Sie haben ein passendes Spenderherz für ihn gefunden. Nachdem die Transplantation erfolgreich gewesen ist, halte ich es zu Hause nicht mehr aus. Mein Versteckspiel muss ein Ende haben; inzwischen sind fast zwei Monate vergangen, seit ich aus Amerika zurück bin. Ich will endlich zu meinem Bruder, will mit ihm sprechen und einfach bei ihm sein. Vielleicht kann ihm das bei der Heilung helfen. Also fahre ich nach Kiel in die Uni-Klinik. Mich überkommt ein beklemmendes Gefühl in der Welt der grünen und weißen Kittel. Plötzlich habe ich selbst einen an, trage eine Haube, einen Mundschutz und gehe nach intensiver Handdesinfektion in das mir genannte Zimmer.

Dort erblicke ich einen Menschen, doch das kann auf gar keinen Fall mein Bruder sein! Wahrscheinlich habe ich mich in der Zimmernummer geirrt. Ich entschuldige mich kleinlaut für die Störung und mache sofort kehrt. Ich bin schon fast an der Tür, als ich meinen Namen vernehme, ganz leise und zaghaft. Langsam drehe ich mich um, gehe zurück und bleibe dicht vor dem Bett stehen. Rundherum flimmern Maschinen und hängen Schläuche. Vor mir liegt ein Mann, abgemagert und mit dunklen, kurzen lockigen Haaren. Mein Bruder war immer blond und athletisch. Ich erschrecke. Dieses Bild gräbt sich mir tief ins Gedächtnis, ich werde es niemals vergessen.

Jan hat die Herztransplantation gut überstanden. Zwar muss er sein Leben lang Medikamente einnehmen, um die Abwehrreaktion des Immunsystems zu unterdrücken, aber er darf leben. Leben darf auch die kleine Kara, der in den USA ein Teil von der Leber entfernt wurde. Ich weine vor Glück und beschließe noch am gleichen Tag, mir einen Organspendeausweis zu besorgen. Sollte ich sterben und meine Organe noch einwandfrei funktionieren, möchte ich anderen Menschen damit helfen. Mein Herz, meine Leber, meine Nieren brauche ich dann nicht mehr, doch sie können fremde Leben retten.

Hoffnungsvoll verlasse ich die Klinik. Trotzdem muss ich jetzt meine eigene Zukunft planen. Medizinstudium geht nicht, damit bin ich durch. Und Kindergärtnerin, das weiß ich nach meinem USA-Aufenthalt ganz sicher, will ich auch nicht werden. Also, was nun? Wo liegen meine Talente, und was bringt mir Spaß? Design und Mode interessieren mich, und ich bin kreativ. Ich male gern in Öl, richtig abstrakt, und fertige Schmuck und Klamotten. Grafik-Design – das könnte passen. Ich brauche einen entsprechenden Studienplatz.

In Hamburg werde ich fündig und ergattere einen Studienplatz an der Albrecht-Art-Schule. Sie ist allerdings eine Privatschule, und wir müssen für die Ausbildung bezahlen. Doch die Kunstschule ist staatlich anerkannt und wird vom Hamburger Senat als BAföG-förderungswürdig eingestuft. Mit ein paar Jobs im Sommer und im Winter wird es schon gehen, denke ich. Die Regelstudiendauer beträgt sechs Semester.

Das ist der Plan, und nun habe ich bis September frei. Zeit für mich, Zeit für meinen Freund Hauke. Zeit für unseren ersten gemeinsamen Urlaub.

2356 Kilometer nach Hause

Als ich am Nachmittag des 31. Juli 1991 mit der zweiten ADAC-Maschine um viele Stunden verspätet am Flugplatz Kiel-Holtenau lande, dürfen meine Eltern mit einer Ausnahmegenehmigung der Flugplatzleitung auf das Rollfeld, um mich zu empfangen. Behutsam werde ich auf einer luftgepolsterten Trage aus dem Flugzeug gehoben, und sie erscheinen in meinem Blickfeld. Mir fällt ein Stein vom Herzen, als ich sie sehe, doch sie blicken mir erschrocken entgegen. Mein Gesicht sei aufgedunsen gewesen, erzählt mir Papa später, wohl eine Folge der schmerzstillenden Medikamente.

»Hey«, sagt Papa in seiner ganz eigenen Art, als unsere Blicke sich treffen. Ich bin zu erschöpft, um irgendetwas zu sagen.

»Ach, Mäuschen«, flüstert Mama und streicht mir eine verklebte Strähne aus der Stirn.

Der begleitende Arzt drängt zum schnellen Transport in die Uni-Klinik. Mama darf im Rettungswagen mitfahren, Papa und Hauke kommen mit dem eigenen Auto hinterher. Es sind keine acht Kilometer vom Flughafen bis zur Uni-Klinik, doch die zwölf Minuten Fahrzeit erscheinen uns allen als eine Ewigkeit. Dann werde ich endlich in der Unfall-Chirurgie aufgenommen. Sofort beginnen die ärztlichen Untersuchungen. Eine Computer-Tomografie wird veranlasst, jeder Quadratzentimeter meines Körpers durchleuchtet. Auch Hauke wird untersucht. Meine Eltern müssen in einem sehr kleinen, engen Raum warten. Die Luft ist schlecht. Papa bekommt Probleme mit dem Blutdruck und sinkt auf einem Stuhl zusammen.

Meine Eltern üben sich in Geduld, pendeln unentwegt hin und her zwischen Hoffen und Bangen. Sie versuchen, Ruhe zu bewahren, und haben meine Geschwister informiert. Ein Arzt kommt auf sie zu. In der Hand hält er die

ersten Untersuchungsergebnisse. Doch der Mann im weißen Kittel hat keine guten Neuigkeiten. Gefasst und sehr
routiniert schildert er ihnen meine Diagnose: »Wir konnten einige Rückenwirbelbrüche und Nervenquetschungen
feststellen. Außerdem ist das Rückenmark stark in Mitlei-
denschaft gezogen.« Meine Eltern reagieren geschockt,
auch wenn sie in ihrem Innersten wohl bereits mit einem
solch niederschmetternden Befund gerechnet haben. »Ihre
Tochter wird intensivmedizinisch betreut«, erklärt der
Doktor.

Am nächsten Morgen werde ich in aller Frühe operiert.
Noch immer sitzen meine Eltern im Krankenhaus, trinken
einen Kaffee nach dem anderen. Auch Hauke hält durch,
wartet und bangt seit inzwischen drei Tagen.

»Fahren Sie nach Hause und versuchen Sie, ein wenig
zur Ruhe zu kommen«, rät ihnen der behandelnde Arzt.
»Sie können hier vorerst nichts ausrichten.«

Auf der Rückfahrt von Kiel nach Neumünster wird
kaum gesprochen. Meine Eltern haben Mühe, die Diagnose und die Bilder, die Wirklichkeit und die Gedanken
an eine ungewisse Zukunft zu verarbeiten. Beide sind sehr
aufgewühlt. An Schlaf ist in dieser Nacht nicht zu denken,
viel zu heftig wirbeln alle Puzzleteile meines Unfalls und
seiner Folgen durcheinander. Nichts tun zu können, absolut machtlos zu sein, zermürbt sie.

Donnerstagmorgen. Ich liege auf der Intensivstation.
Mein Zustand ist schlecht. Ich weine noch immer sehr
viel, habe starke Schmerzen. Meine Oberschenkel und
Füße sind gefühllos. Auch kleine Bewegungen sind absolut unmöglich. Mama und Papa spenden mir Trost, wo sie
können. Ihre Nähe vermittelt mir ein Gefühl von innigem
Zusammenhalt, von familiärer Stärke. Es folgt die Rund-
um-die-Uhr-Betreuung. Eines meiner Familienmitglieder
sitzt stets an meinem Krankenbett, Inka, Arne und Sonja
lösen sich ab. Sogar Jan kommt kurz vorbei. Jeder übermittelt dem nächsten kurz neue Informationen, minimale

Veränderungen, Gemütsbeschreibungen. Meine Eltern versuchen, mir Mut zu machen, auch wenn es ihnen sichtlich schwerfällt. Auch sie haben keine Ahnung davon, wie meine Zukunft aussieht. Doch ich habe ein sehr feines Gefühl für die Nuancen des Gesprochenen entwickelt. Ich fahre alle Sensoren aus, kann sogar Ungesagtes hören und Gedanken an den Augen ablesen.

Nach zehn Tagen werde ich in die Unfallpflegestation verlegt. Die Rehabilitation beginnt. Unter Aufsicht eines Physiotherapeuten erfolgen die ersten Mobilisierungsübungen: Meine Beingelenke werden durchbewegt, damit sie sich nicht versteifen; es wird Lymphdrainage durchgeführt und Reizstrom angesetzt. Die Gefahr einer Trombose soll so gering wie möglich gehalten werden. Nur schwer kann ich es aushalten, dass meine Beine und Füße nicht mehr meinem Willen folgen, sondern als eine Art Anhängsel an meinem Rumpf stecken und vom Rest meines Körpers mitgetragen werden müssen. Meine eigenen Gliedmaßen werden mir fremd. Ich betrachte sie wie Gegenstände, über die ich nicht mehr verfügen kann. Außerdem fühle ich mich bei der Physiotherapie äußerst unwohl, denn mir wird klar, dass ich nur eines unter vielen Unfallopfern bin, die es zu rehabilitieren gilt. Einerseits zeigt mir das, dass ich mein Schicksal mit anderen teile und damit nicht alleine stehe, andererseits fühle ich mich total anonym. Eine Patientin unter vielen, meine Person ist versteckt hinter dem Weiß des Klinikkittels. Er wird zur Uniform. Meinen Eltern erzähle ich nichts von meinen Sorgen.

Da liege ich nun in einem Bett der Uni-Klinik Kiel. Früher war ich aktiv, habe viel unternommen, war in der Stadt, zum Shoppen mit Freundinnen, zum Hafenfest oder im Kino. Jetzt bin ich bewegungsunfähig. Alles ist weiß in meinem Zweibettzimmer. Meine Augen fixieren die Decke. Ich habe das Gefühl, sie bewegt sich. Unablässig. Je länger ich hinaufstarre, umso näher scheint sie mir zu kommen, mich zu verschlingen. Vielleicht will ich das ja sogar? Verschluckt sein, weg von hier. Einfach weg von diesem Ort, der mir so gar nicht angenehm und sympathisch ist. Alles wirkt karg und steril. Auf jeden Fall hässlich.

Ein Arzt kommt herein. Ist er Doktor oder Professor? Oder noch Student, der sein Pflichtpraktikum hier verbringt? Sein Kittel ist grün und, so scheint es, mit Stärke absolut glatt gebügelt. Er sieht aus wie ein Schutzmantel, doch wen soll er schützen? Den Arzt? Mich? Wieso hat der Mann seinen Mundschutz noch um? Bin ich ansteckend? Unzählige Fragen schießen mir durch den Kopf. Ich werde jedes Mal unruhig, wenn jemand vom Personal in den Raum tritt. Das bedeutet eine neue Begutachtung, neue Medikamente, einen neuen Plan. Der Arzt geht hastig, wirkt unruhig. Hält sich distanziert. Er ist allein. Ich höre keine Begrüßung, sage auch nichts, sondern warte ab. Vermutlich hat er heute schon zwölfmal »Guten Morgen« gewünscht. Bei mir steht wohl kein guter Morgen an.

Das Einzige, was ich höre, ist: »Frau Bruhn, das mit dem Gehen können Sie vergessen!« Im Zimmer ist es ganz still. Meine Eltern stecken auf ihrem Weg zu mir im Stau fest. Niemand blickt mir ins Gesicht. Niemand spendet mir Trost oder tut zumindest so. Auch von draußen dringen plötzlich keine Geräusche mehr herein.

»Was?«, stoße ich hervor. Mein Gehirn versucht, das Gehörte aufzunehmen. Es irgendwie zu verarbeiten. Aber der Satz besitzt die Wucht einer Keule. Eines Dampfhammers. Einer Geraden von Muhammad Ali. Es verstreichen Sekunden, die sich zu Stunden aufblähen. Wie aus einer Nebelschwade heraus bilden sich irgendwann erste Gedanken: Ich soll nicht mehr gehen können? Nicht mehr springen, tanzen und schwimmen? Nie wieder? Was soll das? Warum sagt der das? So ein Idiot! Vor wenigen Minuten noch habe ich mir ausgemalt, dass ich nach dem Krankenhausaufenthalt endlich wieder im Grünen spazieren gehe und das Schwimmen wieder intensiver betreibe. Das Gras an den

Zehen spüren, das Wasser, das mich vollständig umfängt. Meine Laufbahn ist noch längst nicht zu Ende. Es warten noch Bestzeiten und Herausforderungen bei Titelkämpfen auf mich. In Schleswig-Holstein, in Deutschland und wer weiß, wo sonst noch überall.

Doch überall ist plötzlich ganz klein.

Was bedeutet das also, das mit dem Laufen könne ich vergessen? Und meint der Mann mit dem grünen Kittel überhaupt mich? Doch offenbar hat er mich angesprochen. Was sagt er da? Was soll das heißen? Warum fliegen seine Augen an meinem Gesicht vorbei?

Schnell bekomme ich noch den lateinischen Gesamtbegriff um die Ohren gehauen: »Sie haben eine LWK 1-Kompressions-/Luxationsfraktur mit nahezu kompletter Cauda-Symtomatik.«

Booomm!

Zonnggg!

Wie beeindruckend.

Ich habe kein einziges Wort verstanden. Unter dem Begriff kann ich mir absolut nichts vorstellen, und ich will es auch gar nicht. Die Luft ist stickig in meinem Zimmer. Ich brauche Sauerstoff. Klar weiß ich, dass sich meine Beine seit ein paar Tagen nicht rühren. Ich liege bewegungsunfähig in einem fremden Bett. Ist ja logisch – ich bin ja auch frisch operiert. Aber deswegen muss das Gefühl in den Beinen ja nicht für immer wegbleiben. Das Kribbeln wird schon zurückkommen, ist eben alles einmal kurz eingeschlafen oder steht unter Schock.

Plötzlich bekomme ich große Augen. Keine Spur mehr vom dämpfenden Nebel, der mich zuletzt immer wieder in den Schlaf gezogen hat. Unter »LWK-irgendwas-Komisches« kann ich mir selbst Tage nach der hammerharten Diagnose gar nichts vorstellen. Weitere Erklärungen habe ich nicht erhalten. Der Arzt, Mitte dreißig, wiederholt: »LWK 1-Kompressions-/Luxationsfraktur mit nahezu kompletter Cauda-Symtomatik!«

»Gibt's das bitte auch auf Deutsch?«, frage ich, auch wenn mir das Sprechen schwerfällt. Ich liege wie festgebunden auf dem Rücken. Mein Kopf wird von einem Kissen leicht gestützt. Augenblicklich umkreisen mich Suizidgedanken. Ich schaue aus dem Fenster und sehe die Schönwetterwolken am strahlend blauen Himmel. Dort will ich hin. Einfach weg. Dahin, wo es keine Schmerzen gibt. Und keine leidvolle Gegenwart, keine ungewisse Zukunft.

»Sie haben einen Stauchungs- beziehungsweise Verrenkungsbruch mit Querschnittsyndrom«, versucht's der Kittelmann erneut.

Gestaucht oder gebrochen, was denn nun? Allein das mit dem Querschnitt ist hängengeblieben. »Scheiße! Ich bin also gelähmt?«, frage ich ungläubig nach. »Für immer?« Der Mann soll sofort mein Zimmer verlassen. Der darf hier nicht mehr rein.

Ich fühle mich elend und muss immer wieder heulen. Manchmal kommt es mir so vor, als hätte ich gar keine Tränen mehr. Die Augen bleiben dann trocken. Ich habe ständig Durst und fülle so meine Flüssigkeitsreserven wieder auf. Mehrfach bin ich wohl eingeschlafen, als meine Eltern an meinem Bett gestanden haben. Wie soll es weitergehen? Was passiert mit mir? Bin ich etwa den Rest meines Lebens auf Hilfe angewiesen? Kann ich nie wieder aufstehen? Kann ich nicht mehr schwimmen, Rad oder Auto fahren, nie wieder laufen? Eine Frage zieht die nächsten nach sich, doch Antworten gibt es keine. Immer mehr Schreckensszenarien entstehen in meinem Kopf. Mir werden all die Tätigkeiten und Beschäftigungen bewusst, für die funktionsfähige Beine dringend notwendig sind. Papa hält meine Hand, Mama streicht mir durchs Haar und zeigt einen ebenso verlorenen Blick. Wir alle haben offenbar das gleiche Gefühl: Ohnmacht. Ich weiß nur, dass mir die Nähe meiner Eltern guttut. Ich bin mir sicher, dass sie mir helfen können. Das haben sie doch schon immer getan. Als Kind, als Jugendliche und Erwachsene – in ihrer Gegenwart fühlte ich mich stets behütet, beschützt, gut aufgehoben. Ihnen vertraue ich.

Minuten oder Stunden später versuchen mir meine Eltern dann die Wahrheit zu eröffnen: »Du bist wahrscheinlich zu einem Teil gelähmt, das heißt inkomplette Querschnittslähmung. Das Rückenmark wurde bei deinem Unfall stark gequetscht und braucht Zeit zur Erholung.« Quetschung? Erholung? Was soll der Mist? Sofort nehme ich meine ganze Kraft und Konzentration zusammen und versuche, die Anstrengung auf die Beine zu übertragen. Doch unterhalb des Bauchnabels kann ich nichts bewegen. Ein unglaubliches Gefühl, irreal. Ich fühle mich halbiert. Nichts rührt sich. Ich bekomme wohl wieder ein Schlafmittel, höre Mama und Papa aber noch sagen: »Wir schaffen das!«

Die Diagnose ist niederschmetternd. Das Rückenmark, das Leitungsorgan, das eigentlich im Schutz der Wirbelsäule liegt, ist verletzt. Die Impulse, die mein Gehirn nach unten leitet, kommen dort nicht an. Im Operationsbericht steht, dass das hintere Längsband im Bereich der ersten Lendenwirbelsäule quer durchgerissen und eine dorsale Stabilität (also am Rücken) nicht mehr gegeben sei. Wir Menschen haben vierundzwanzig Wirbel, sieben im Hals, zwölf im Brust-, fünf im Lendenbereich. Weil diese nicht auseinanderfallen sollen, hilft ein Bandsystem, das die Wirbel zusammenhält. Die Muskeln drum herum sorgen für zusätzliche Stabilität. Zwischen der ersten und zweiten Lendenwirbelsäule endet das Rückenmark. Je höher eine Schädigung vorliegt, desto schwerer die Beeinträchtigung. Linksseitig sei bei mir der Gelenkfortsatz abgebrochen, so der Bericht, rechtsseitig bestünde eine leichte Rotationskomponente. Das Wirbelsegment sei instabil. Dr. L. habe eine Laminektomie – eine operative Entfernung des Wirbelbogens – vorgenommen. Die an der Operation beteiligten Chirurgen hätten per Fixateur den Wirbel selbst stabilisiert. Die Blasen- und Mastdarmlähmung, die bei einem inkompletten Querschnitt sehr individuell ist, hatte nicht vermieden werden können – so zumindest der Stand zum jetzigen Zeitpunkt.

Klar ist: Es handelt sich um eine dauerhafte Schädigung. Für mich ist es kein Trost, dass eine solche Verletzung vor sechzig, siebzig Jahren überhaupt nicht behandelbar gewesen ist und ganz sicher mit dem frühen Tod geendet hätte. Ich verdränge das und gehe nach wie vor von einer vollständigen Genesung aus.

Nicht ganz drei Wochen nach meinem Unfall werde ich verlegt. Die Selbstheilungszeit innerhalb des Krankenhauses sei abgeschlossen, sagt man mir. Puh, der Aufenthalt war auch lang genug. Vollprofis sollen sich nun um die erste Rehabilitation, die sogenannte zweite Phase der Mobilisation, kümmern. Es ist Freitag, der 16. August. Es geht aus Kiel nach Hamburg. Ich werde nicht gefahren, sondern geflogen. Mit einem Hubschrauber. Andere brausen mit ihren tollen Flitzern ins Wochenende, ich düse nach Hamburg – in ein neues Krankenhaus. Schön ist anders.

Ganz behutsam werde ich diesmal transportiert. Nur mein Kopf guckt aus der Trage hervor, die sich wie ein aufgeblasenes Gummiboot anfühlt und alle Stöße abfängt. Warum hatte ich eine so kompetente Hilfe bloß nicht am Unfallort? Warum lief alles falsch und so schwerwiegend und nachhaltig schlecht auf der Insel ab? Warum ist ausgerechnet mir das passiert? Immer wieder Warum. Fragen, Fragen, Fragen in Endlosschleife. Nirgendwo liegen befriedigende Antworten bereit.

Meinen ersten Hubschrauberflug habe ich mir wirklich anders vorgestellt. Laut dröhnt der Rotor und pfeift. Ein ganz fieser Ton. Ich kann nichts sehen: Das Ding hat die Fenster nicht auf Augenhöhe. Eigentlich hat es gar keine Fenster. Nur der Pilot vorne hat welche. Wir schweben davon, direkt in den Himmel hinein. Himmel. Die

Behinderung nimmt mir jede Lebensperspektive. Ich überlege, ob ich lieber von der Brücke oder aus dem Fenster
springen soll. Meine Gedanken kreisen genauso schnell
wie die Blätter des Rotors. Nein, natürlich will ich keines
von beidem. Das wäre totaler Unsinn! Damit würde ich
niemandem helfen, am wenigsten mir selbst. Und wer
bitte kann mir garantieren, dass mein Sprung ein endgülti-
ger ist und ich hinterher nicht noch schlechter dran bin als
jetzt schon? Ich will ja kein Voll-Pflegefall werden.

Das Berufsgenossenschaftliche Unfallkrankenhaus Boberg
in Hamburg ist auf querschnittgelähmte Patienten spezialisiert. Dort gibt es eine Reihe von Experten. Ich soll für
das spätere Leben mobil gemacht werden. Aber wozu? Für
welches Leben denn bitte? Die Fragen zerbohren mir wie
Pfeile den Kopf. Es tut weh. In den Schmerz mischen sich
Wut und Zorn, Trauer und Hilflosigkeit.

Zunächst liege ich im Zweibettzimmer in der Intensiv-
Pflegestation. Meine Zimmernachbarin heißt Corinna und
sagt kein Wort. Ich glaube, sie weint unentwegt und starrt
dabei aus dem Fenster. Nachdem das Pflegepersonal und
der Stationsarzt sich einen groben Überblick über meine
Person und Verletzung verschafft haben, versichert man
mir, dass zu jeder Zeit jemand für mich da sei. Ich bräuchte
nur den Knopf neben meinem Bett zu drücken, und zack-
zack! sei eine Schwester vor Ort. Kaum gesprochen, ist der
Arzt wieder weg. Corinna und ich bleiben allein mit uns.
Allein mit allem, was auf uns zukommt.

Nach meiner Verlegung auf die normale Station bin ich
in einem Mehrbettzimmer untergebracht. Drei Leidens-
genossinnen teilen ihr Schicksal mit mir. Die Unfallpalette
reicht vom Treppensturz über den Sport- bis hin zum Au-
tounfall. Jede von uns ist irgendwie in ihrem eigenen Kä-
fig gefangen. Bis zu meinem Unfall wusste ich allerdings
nicht, dass Frauen nur ein Fünftel der Querschnittpatien-
ten ausmachen. Woran mag das liegen? Treiben Männer

mehr Extremsportarten, fahren schnellere Autos und setzen sich so einem höheren Unfallrisiko aus?

Ich gehöre nun also zu einer Minderheit der Minderheit: zu den Behinderten und zu den Rollstuhlfahrerinnen.

Meine Eltern, meine Geschwister und selbstverständlich Hauke helfen mir, so gut sie können. Doch zwischen all den gut gemeinten Ratschlägen und motivierenden Worten falle ich immer wieder in ein tiefes Loch. Der freie Fall. Ich bin gereizt, manchmal aggressiv, habe depressive Anflüge – und bin vielleicht ungerecht zu den Pflegern und meinen Mitmenschen. So fühlt sich Verzweiflung an. Doch den Boden kann ich nicht fühlen.

Ich schwebe, habe einen Körper, der anders ist. Ganz anders als vor dem Unfall. Es ist ein Körper, der eigentlich aus zwei Teilen besteht: Dem Oberkörper, den ich bewegen kann und der zum größten Teil auch funktionstüchtig und nutzbar ist, der meinen Befehlen folgt. Und dem Unterkörper, der nicht mehr mir gehört. Dieser Rest ist ein gefühlloses, unbrauchbares, so ganz und gar ungewolltes und irgendwie total fremdartiges Teil von mir. Ich bin durchtrennt, in Ich und Schmerz zergliedert. Stechende Schmerzen, die meine permanenten Begleiter sind und vom operierten Areal am Rücken und dem Beckenbereich ausgehen, von wo die Knochensubstanz für den neu modellierten ersten Lendenwirbelkörper entnommen worden ist.

Vor mir liegt die schlimmste Zeit meines gesamten Lebens. Nach Ewigkeiten kommen endlich meine Eltern. Sie sind überfordert von der Situation, versuchen aber, ruhig zu bleiben und sich ihre Sorgen nicht anmerken zu lassen. Ein Blick in ihre Augen aber reicht mir vollends aus, um zu wissen, wie sehr sie von Angst und Hilflosigkeit gequält werden. Sie sind genauso hilflos wie ich.

Während in der Klinik die Zeit stillzustehen scheint, rollt das Leben außerhalb der Krankenhausmauern weiter voran. Während des Jahres bin ich zweimal Tante geworden: Sonja hat im Februar Sina zur Welt gebracht, im Juni ist

Leif in Arnes Familie hineingeboren worden. Die Kinder entdecken ihre Welt, lernen jeden Tag etwas Neues. Mir geht es genauso. Auch ich werde allmählich mobiler, lerne, mit dem Rollstuhl umzugehen. Irgendwann nehmen mich meine Eltern mit an die frische Luft und schieben mich im Rollstuhl durch den Klinikgarten. Wir bleiben auf den befestigten Wegen, denn die kleinste Erschütterung bedeutet Schmerz. Mit den letzten Sommersonnenstrahlen kehrt ein erstes zartes Lächeln in unsere Gesichter zurück.

Meine Rehabilitation

In den folgenden Monaten kommt vieles auf mich zu. Unzählige Arztgespräche und Untersuchungen, regelmäßig Krankengymnastik, Physiotherapie, Sport, Psychotherapie. All das soll dazu beitragen, dass ich wieder Fuß fasse. Mit der gesamten medizinischen Kunst und Gewalt soll ich ins Leben zurückgestoßen werden. Ich sehe jedoch keinen Sinn dahinter. Zeitweise gibt es nur Probleme. Zu den Wundschmerzen kommen Nervenschmerzen hinzu. Zwar sind meine Beine weitestgehend frei von Sensibilität, doch trotzdem signalisieren sie mir Schmerzen, die weder kontrollierbar noch in irgendeiner Weise zu lindern sind. Ein Phänomen, das man als Phantomschmerz bezeichnet.

Plötzlich gibt es – wie aus heiterem Himmel – ein Signal: Ich glaube, mein rechtes Bein bewegen zu können. Zumindest ein Stück weit. Sofort denke ich: Ich bin nicht mehr gelähmt! Das Gefühl kommt zurück! Ich habe es doch immer gewusst! Die Hoffnung währt allerdings nur kurz. Anders als noch in Kiel versucht der Hamburger Arzt, mir das auf etwas sensiblere Art beizubringen. Das Rückenmark habe sich zwar ein wenig erholt, die Reaktion sei aber nur eine Spastik, eine Art Muskelreflex. Das sei leider ohne Bedeutung für mein späteres Bewegungsbild. Es könnten aber weitere Funktionen zurückkehren. Das zentrale und auch das periphere Nervensystem funktionieren nach einem ausgeklügelten System. Bewegung, Atmung, Verdauung – rein äußerlich sind wir nur Abnehmer von Befehlen aus dem Gehirn. Wenn es aber tatsächlich so viele Nervenzellen rund um das Rückenmark gibt und nur ein paar von ihnen verletzt sind, können doch die anderen den Dienst für sie übernehmen, versuche ich, mir die Situation schönzureden. Und wenn sich meine Beine schwer anfühlen, brennen und jeden Moment zu platzen drohen, so sehe ich diese Empfindungen als ein Signal meines Körpers, dass noch Leben in ihnen steckt und viel mehr Potenzial. Sie werden irgendwann wieder ganz funktionieren. Dessen bin ich mir sicher.

Ich durchlebe ein permanentes Wechselbad der Gefühle. Manchmal frage ich mich, was mein Körper noch so an Neuigkeiten und Überraschungen für mich bereithält.

Zu den Nervenschmerzen oder Missempfindungen kommen sogenannte Spastiken. Zuckungen und ruckartige Krämpfe, die mir zunächst einen Schreck versetzen und im nächsten Moment wieder die Hoffnung nähren. Auch die Spastiken, ausgelöst vom Nervensystem, das unkontrolliert Impulse sendet, werden von Schmerzen begleitet, die überaus unangenehm sind. Ich muss mich erst auf sie einstellen, ihren Verlauf kennenlernen. Meine Beine und der Beckenbodenbereich zucken und krampfen zugleich. Am Gesäß fühlt es sich so an, als würde mir jemand Luft in die Pobacken pusten und diese dann gleich wieder entziehen. Schnell und ungleichmäßig, von der einen Pobacke zur anderen. Das lässt mich regelrecht tanzen zu einem unbekannten Rhythmus. Mein Körper spielt DJ.

Bei den Beinen sind es hauptsächlich die Unterschenkel und die Füße, die wie wild zucken, als wären sie an einen Weidezaun angeschlossen, der permanent Stromstöße in die Füße jagt. Es passiert alles so schnell, dass es lange braucht, um ein Gefühl dafür zu bekommen, wann sich der Wahnsinn wieder anbahnt. Der Körper sucht sich für seine Impulse andere Bahnen und Übertragungswege.

Anfangs sind diese Ansammlungen von unschönen und ungewollten Empfindungen gepaart mit den alltäglichen neuen und zeitaufwendigen Abläufen. Das ist nicht das, was ich mir unter einem schönen und lebenswerten Leben vorstelle.

So vergehen Wochen und Monate. Die Pfleger und Physiotherapeuten sind alle unheimlich nett. Sie geben sich sehr viel Mühe. Für die Körperpflege bin ich zum Glück beweglich genug. Inzwischen kann ich mich selbst katheterisieren, um meine Blase zu entleeren. Anfangs ist es nicht einfach zu merken, wann die Blase voll ist. Die Regelmäßigkeit des Entleerens soll helfen, Harnwegsinfekte zu vermeiden. Ähnlich ist es mit dem Darm. Ich muss mich sehr ausgewogen und ballaststoffreich ernähren. Leider melden sich volle Blase und Darm nicht mehr wie früher über das Druckgefühl, sondern haben den Befehl zur Entleerung weiter nach oben abgegeben. Zum Glück hatte ich schon immer ein besonderes Feingefühl für meinen Körper und seine natürlichen Funktionen, was sich bis heute erhalten hat. Vielleicht ist das ein Resultat meiner sportlichen Vergangenheit. Hauptsache ist, es funktioniert, und ich kann Stück für Stück mit diesem ganz anders reagierenden Körper arbeiten. Bald schon kann ich ahnen, wann die Blase voll ist. Das Gespür für einen vollen Darm eigne ich mir anders an. Auch wenn ich mich katheterisieren muss, ist es ein Segen, genau zu wissen, wann ich auf die Toilette muss.

Habe ich die Kraft, all das durchzustehen? Will ich die Kraft überhaupt haben? Fragen, die mich lange beschäftigen und begleiten. Letzten Endes sind die schönen Momente und Erlebnisse, die Verbesserungen meiner physischen Konstitution, die gewachsene Selbstständigkeit und Selbstbestimmung im alltäglichen Ablauf dann die Gründe dafür, dass ich meinem Leben kein Ende bereite. Abgesehen davon kann ich meinen Eltern einen solch gravierenden Schritt nicht antun. Niemals kann ich beiden so sehr weh tun, mich ihnen einfach wegzunehmen. Das Leid, ihr Kind endgültig zu verlieren, will ich ihnen unbedingt ersparen. Die Vorstellung ist um ein Vielfaches schlimmer als alles, was ich an mir und um mich herum erlebe.

So durchlaufe ich Tag für Tag, Monat für Monat immer wieder Etappen, die mir ein Voranschreiten und Weiterleben sinnvoll erscheinen lassen. Dazu zählt sogar, das erste Mal auf eigenen Beinen am Barren zu stehen – mit Schienen-Schellen-Apparaten an den Beinen, die mir Halt geben und Stütze sind. Und dass ich mich endlich Auge in Auge auf hundertsiebenundsiebzig Zentimetern Körpergröße mit meinem Therapeuten unterhalten kann – eine ganz neue Perspektive. Auch die Besuche meiner Schwester Sonja mit ihrer sechs Monate alten Tochter Sina geben mir immensen Auftrieb. Die kleine Maus sieht mich an, sitzt wie selbstverständlich bei mir im Rollstuhl auf dem Schoß – und fühlt sich pudelwohl. Sie vermittelt mir nicht das Gefühl, anders, behindert oder angsteinflößend zu sein. Sie unterscheidet nicht oder teilt in Kategorien ein, sondern folgt allein ihrem Gespür. Sie gibt mir das Gefühl, noch immer liebenswert zu sein und ohne Vorbehalte geliebt zu werden.

Nach und nach weichen Schmerz und dauerhafte Zukunftsängste. Offenbar kann ich, allein mit positiven Gedanken, unglaublich viel zum Selbstheilungsprozess beitragen. Langsam sind Fortschritte erkennbar, erste Sitzübungen funktionieren. Ich werde immer intensiver mit dem Rollstuhl vertraut. Das Gerät wird nun mein täglicher Begleiter. Hinzu kommen Übungen mit den Unterarmgehstützen, kurz: UA. Meine neurologische Ausfall-Symptomatik bessert sich leicht. Mit den beiden UA kann ich das Gleichgewicht einigermaßen halten, freier Stand ist allerdings nur mit einer Hilfsperson möglich. Bei den Greifübungen habe ich von Anfang an die geringsten Probleme.

Die Wochenenden, die ich zur Weihnachtszeit 1991 zu Hause verbringe, lassen mich immer unabhängiger werden. Die Beweglichkeit in meinen Beinen verbessert sich langsam, aber stetig. Mit Schienen an den Unterschenkeln und Unterarmgehstützen lerne ich, vorsichtig zu gehen. Ich muss nicht mehr die Anzieh-Greif-Zange benutzen, um mir Hosen, Socken, Schuhe überzustreifen. Die Kompressionsstrümpfe kann ich aus eigener Kraft anziehen.

Es gibt unendlich viele Highlights und Motivations-Eckpfeiler, die ich wertschätze und für die ich dankbar bin, weil sie mir ein Zeichen geben, dass es lohnt, zu trainieren und an sich zu arbeiten, und sei es noch so schmerzhaft und langwierig. Teilweise sind schon die kleinsten Mini-Kleinigkeiten große Fortschritte und positive Erlebnisse, die ich nach all den negativen Erfahrungen als genau das sehe: als Rettungsanker.

Vielleicht ist es ein Resultat meiner Erziehung, meines Charakters, meiner Erfahrung aus dem Leistungssport oder eine Kombination aus allem, dass ich diese Kleinigkeiten erkenne und mich durch sie motivieren kann. Und dass ich auf meinem schweren Weg immer, wirklich immer Hilfe und Unterstützung an der Seite habe. Ganz egal, ob es meine Eltern, Geschwister, Freunde, Kollegen, Therapeuten und später sogar lieb gewonnene Ärzte sind. In brenzligen Situationen ist tatsächlich immer jemand für mich da. Und dieser Jemand gibt einen Wink oder Schubs, bestätigt mich oder spricht mir das letzte Fünkchen Mut zu, in die eingeschlagene Richtung weiterzugehen.

Weihnachten ist inzwischen vorbei, das neue Jahr 1992 hat begonnen und Ende Februar soll ich nach sechs Monaten aus dem Hamburger Unfallkrankenhaus entlassen werden. Ich bin therapiemüde, habe sogar einen Ausschlag bekommen. Als ich nach Hause komme, ist da einerseits sofort Vertrautheit, der typische Geruch wabert mir entgegen, die Einrichtung bildet das bekannte Ambiente, alles steht an seinem Platz und gibt mir dadurch unwillkürlich und augenblicklich Sicherheit. Doch andererseits ist die vertraute Umgebung nicht mehr die, die sie mal war, weil ich sie nicht mehr so beleben kann, wie ich es vor meinem Griechenlandurlaub getan habe. Meine vertraute Welt versetzt mir einen zweiten Schlag in den Nacken.

Die Tage sind nicht selten quälend lang. Oft bin ich mit mir und meinen Gedanken allein und drohe, in Lethargie zu verfallen. Ich fange an zu backen und zu kochen, bereite meinen Eltern nicht selten aufwendige Drei-Gänge-Menüs zu. Und ich putze wie von Sinnen. Meine Mutter arbeitet halbtags im Sanitätshaus und braucht sich nun um den Haushalt kaum noch zu kümmern. Ich will zeigen, dass ich funktioniere, dass ich nicht nutzlos bin. Hauke hält zu mir, was mir ungemein hilft. Er hat sich nicht von mir abgewandt, auch wenn er unser Zusammensein genauso neu lernen muss wie ich. Natürlich sind die Bilder der Vergangenheit noch immer in unseren Köpfen. Wir brauchen nicht darüber zu sprechen. Sie werden uns nie loslassen, in hundert Jahren nicht.

Am wohlsten fühle ich mich stets im Wasser. Natürlich kann man das, was ich dort betreibe, nicht Schwimmen nennen. Es sieht eher aus wie eine Art Wassergymnastik für Hundertjährige. Ich stehe im brusthohen Wasser und mache Laufbewegungen zur Stabilisierung. So kann ich einen Teil der Beweglichkeit und Fitness von vor dem Unfall aufrechterhalten. Es folgen weitere Rehamaßnahmen. Schließlich steigt mein Vater mit ins tiefe Becken, um mich zu unterstützen. Das ist aber erst viel später der Fall.

Es bleibt viel Zeit, um sich über einen beruflichen Einstieg Gedanken zu machen. Aufgrund der vielen Gespräche und Kontakte zur Krankenkasse ergibt sich eine Idee, die ich allerdings gleich wieder vergesse, weil andere Dinge vorerst wichtiger sind oder mich ablenken. Nach meiner Entlassung aber realisiere ich schnell, dass ich mich beruflich neu orientieren muss. Ich will mein eigenes Geld verdienen, um irgendwann unabhängig zu sein.

Meine älteste Schwester Inka hat bis Anfang der achtziger Jahre bei der Allgemeinen Ortskrankenkasse (AOK) gearbeitet. Als ich ihr meine Idee präsentiere, mich ebenfalls bei der AOK zu bewerben, unterstützt sie den Gedanken sofort. Die Erfahrungen, die ich und meine Eltern im Umgang mit der Krankenkasse gemacht haben, also auch die besonderen Problemstellungen und die Lücken im System, die ich entdeckt habe, sind eine gute Grundlage, um bei der Krankenkasse tätig zu sein. Hier kann ich helfen, weil ich meine Geschichte habe.

Nach einem persönlichen Gespräch mit dem AOK-Geschäftsstellenleiter in Neumünster beginne ich ein vierwöchiges Praktikum. Als ich aber merke, wie gut mir die Ablenkung tut und das Gefühl, gebraucht zu werden, bitte ich um Verlängerung. Schließlich werden zwei Monate daraus, und 1993 bewerbe ich mich für das kommende Ausbildungsjahr.

Im August 1993 kann ich bei der AOK in Neumünster endlich eine Ausbildung zur Sozialversicherungsfachangestellten beginnen. Mein Lebensmut meldet sich mehr als zwei Jahre nach dem Unfall ganz allmählich wieder zurück. Doch es ist schon irgendwie seltsam, dass ich als Expertin bei einer gesetzlichen Krankenversicherung arbeiten und Menschen im Krankheits- oder Pflegefall beraten soll, wo ich doch selbst noch Rat benötige. Dass ich Grafik-Design studieren wollte, habe ich allerdings nicht vergessen.

Rettungsanker und Richtungswechsel

Die Lehrjahre zur Sozialversicherungsfachangestellten ziehen vorüber. Unter uns nennen wir den Job SoFa – dabei ist er überhaupt kein gemütliches Ruhekissen. Es gibt viel zu tun, jeder Tag ist anders. Drei Jahre dauert die Ausbildung, und sie macht mir richtig Spaß. Ich habe Freude am Umgang mit Menschen. In Sandra, einer Auszubildenden aus dem Lehrjahr nach mir, finde ich eine neue Freundin. Wir schätzen uns, verbringen die Pausen zusammen und lernen uns auch außerhalb der Arbeit kennen. Man bringt mir bei, Arbeitgeber und Beschäftigte in versicherungsrechtlichen Angelegenheiten zu beraten und ihre Versicherungsverhältnisse zu klären. Gesetzestexte zu pauken, verschlingt wahnsinnig viel Zeit, ist megaanstrengend und vor allem oft unnötig kompliziert. Trotzdem kann ich einiges von meinem neuen Fachwissen für den Schriftverkehr zu meinem eigenen Fall gebrauchen.

Während der Geschäftszeiten muss ich viel telefonieren und reden, möglichst locker und leicht verständlich. Ich muss ein Ohr haben für die individuellen Problemstellungen und entsprechende Informationen und Ratschläge geben. Im Kundenverkehr fällt mein Rolli kaum auf. Er ist unwichtiges Beiwerk. Für die meisten Besucher jedenfalls. Auch das stärkt mein Selbstwertgefühl. Allmählich fühle ich mich wieder wie ein normaler Mensch. Ich bin eine Kundenberaterin von vielen, und so werde ich auch wahrgenommen und behandelt.

Die gesetzliche Sozialversicherung ist für alle deutschen Bürger und Bürgerinnen ein sicheres Netz, in dem sie aufgefangen werden. Schon Ende des 19. Jahrhunderts wurde – zunächst als Invaliden- und Altersversicherung – die Kranken-, Unfall- und Rentenversicherung eingeführt. Den Anstoß gab König Friedrich Wilhelm I., der Soldatenkönig, später nahm sich der erste Reichskanzler Otto von Bismarck des Themas an. Das alles ist verdammt lange her, doch trägt bis heute. Um diese Säulen beneiden uns viele Länder. Natürlich schimpft der eine oder andere über die Beitragshöhen, doch letztlich ist die Absicherung aller Mitglieder nur über eine Solidargemeinschaft zu finanzieren. Jeden Monat fließt ein Teil des Verdienstes aller an die entsprechende Sparte der Sozialversicherung. Davon wird nicht nur der Arztbesuch, sondern sogar das Ausfallgeld nach einem Unfall finanziert. Ich erfahre das am eigenen Leib.

Es gibt viele Gründe, nicht arbeiten zu können: Ein Unfall in der Freizeit wie bei mir, einer auf dem Weg zur Arbeit oder direkt bei der Ausübung der beruflichen Tätigkeit. Ziel der Sozialversicherung ist es, den Betroffenen die Existenzangst zu nehmen.

Für mich in der Geschäftsstelle der AOK gilt es, die Mitglieder über gesundheitsbewusstes Verhalten zu informieren und entsprechende Angebote auszuarbeiten. Außerdem müssen Leistungsansprüche und Fallcodierungen geprüft werden. In einigen Fällen fordere ich Gutachten des Medizinischen Dienstes der Krankenversicherung, kurz: MDK, an und werte sie aus. Krankengeld, Mutterschaftsgeld, Fahrtkosten und Haushaltshilfe sind weitere Themen, mit denen ich mich beschäftige.

Meine Tage sind gefüllt. Vor mir stehen wieder Aufgaben, Herausforderungen und Ziele. Zu den acht Stunden Büro kommen die Berufsschule, die im Blockunterricht abgehalten wird, sowie täglich ein bis zwei Stunden Physiotherapie hinzu. Meine Muskeln sollen noch stärker werden. Die trainierte Beweglichkeit macht vieles leichter. Die verbesserte Kondition macht mich belastbarer, und ich stehe den Alltag besser durch.

Anfangs sind die Tage nach Feierabend mal lang, mal kurz. An drei Wochentagen arbeiten wir bis nachmittags, dann folgt der »SchlaDo«, der scheißlange Donnerstag bis 18 Uhr, und freitags dürfen wir schon um 13 Uhr nach

Hause gehen. Zeit und Kraft, viel über mich und meine Situation nachzudenken, schwinden allmählich. Beides ist einfach nicht mehr vorhanden, und das ist gut so. Mein mentaler Zustand wird immer stabiler. Das Selbstbewusstsein wächst ganz langsam wieder, meine Lebensfreude kehrt deutlich spürbar zurück. Das Leben mit Behinderung und im Rollstuhl fühlt sich immer normaler an. Aber es gibt viele Hürden: zu hohe Gehsteige, unzureichend verlegtes Kopfsteinpflaster, fehlende Fahrstühle, Türen, die sich nicht automatisch öffnen lassen. Aber ich habe zunehmend das Gefühl, dass ich mich trotzdem durchbeißen werde. Die traurigen und schwermütigen Phasen treten zunehmend in den Hintergrund. Das hat allerdings nichts mit Akzeptanz zu tun, denn akzeptieren werde ich meine Situation nie! Es sind einfach Beschäftigung und Ablenkung, die mir einen automatischen, stetigen Lebensfluss bescheren und mich einfach machen lassen. Immer weiter, immer weiter. Voran.

Nebenbei absolviere ich täglich meine Reha-Übungen, meine individuelle Krankengymnastik. Aber das ist kein richtiger Sport. Die Übungen dienen der Kräftigung und der Beweglichkeit der Gelenke. Natürlich muss ich aufpassen, keine Druckstellen an den Beinen oder am Po zu bekommen. Schließlich merke ich nicht sofort, wenn etwas ins Gewebe drückt oder einschneidet. Gerade an den Füßen passiert das schnell, weil die Schuhe neu sind oder die Naht vom Strumpf nicht richtig sitzt. Das nervt tierisch. Meine Eltern und ich versuchen, die Tagesabläufe zur Routine zu entwickeln. Sie geben sich so unendlich viel Mühe mit mir. Für sie und meine Geschwister bin ich immer noch Kirsten. Die, die ich immer war. Irgendwie steckt in meiner gesamten Familie das »Niemals-aufgeben-Gen«.

Schon seit meinem zehnten Lebensjahr bin ich Leistungsschwimmerin beim PSV Neumünster. Jetzt kann ich nur noch baden. Immer ist jemand dabei, der mich beaufsichtigt, der mir hilft. Das Wort »Eigenmobilisation« kann ich nicht mehr hören. Ich fühle mich zwar im Wasser wohl, aber eigentlich bin ich nur ein Stück Treibgut, das versucht, nicht unterzugehen. In der Rückenlage finde ich ziemlich schnell Sicherheit. Aber in der Bauchlage, die für das Brustschwimmen notwendig ist, fallen die Beine immer wieder nach unten – trotz des Auftriebs, den mein Hintern hat. Und dennoch ermöglicht es mir das Wasser, Bewegungen, die an Land kaum zu bewerkstelligen sind, ohne Hilfsmittel auszuführen. Allmählich kann ich die Positionen im Wasser wieder kontrollieren, gewinne das Vertrauen in mein Element zurück. Das ist eine ganz wichtige Erfahrung und Entwicklung. Außerhalb des Beckens bin ich schließlich überall auf meinen Rollstuhl und meine Gehhilfen angewiesen. Aber die Ärzte und Physiotherapeuten sagen, dass Schwimmen gut sei für den Kreislauf und die Atmung – eigentlich für alle vegetativen Funktionen, die sich nicht willentlich beeinflussen lassen.

Das Schwimmen ist anfangs gar nicht so einfach. Wenn ich mich nicht bewege, hat der Wasseraufenthalt nicht einmal den Charakter eines Badevergnügens. Neben mir lachen, toben und planschen Kinder, sogar Erwachsene. Alle sind fröhlich und ausgelassen. Selbst die Kleinsten machen die ersten spielerischen Schwimmbewegungen: Anziehen – Grätschen – Schließen. Wie gerne wäre ich dabei und genauso unbeschwert.

Die Physiotherapie im Wasser während der Reha habe ich längst hinter mir. Mit den Armen komme ich ein wenig vorwärts, doch meine Beine hängen nur herum und sind wenig produktiv. Zusammen mit meinem Vater gelingt es, die Bewegungsmuster neu zu festigen. Die Angst schwindet mehr und mehr. Trotzdem schauen viele Leute immer so komisch von der Seite herüber. Als hätten die noch nie einen Menschen gesehen, der an Land im Rollstuhl sitzt und im Wasser nur mit den Armen zu schwimmen versucht! Ich bemerke die Blicke, und irgendwie bilde ich mir sogar ein, ihre Gedanken hören zu können: Welch ein Jammer! Die arme junge Frau! Wie will sie das nur schaffen?

Mein Kopf sendet frustrierte Befehle: Lasst mich doch alle in Ruhe! Wenn ihr wüsstet, was das für eine Quälerei ist! Eure Blicke allein bereiten mir seelischen Schmerz. Ich habe mir das auch nicht ausgesucht; lieber wäre ich die alte Kirsten. Die Kirsten, die ich immer war. Glücklich. Fröhlich. Frei. Und im Wasser flink wie ein Wiesel.

Aber gleich darauf denke ich: Euch werde ich's zeigen. Ich schaffe das! Dann seid ihr alle sprachlos. Schaut euch doch erst mal selber an – keiner ist perfekt, und ganz unter uns: Richtig schwimmen geht anders!

Ich bekomme weitere Nichten und Neffen. Aus Liebe zu den Kindern will ich weitermachen. Das ist meine Motivation. Wenn ich schon nie mehr wieder so aktiv und zu einhundert Prozent funktionsfähig sein werde, so möchte ich doch zumindest ein lebenswertes Leben haben. Das bedeutet, zu lieben und geliebt zu werden. Eben Freude an Menschen und an den Dingen zu entwickeln und zu sehen, wie diese kleinen Racker groß werden, wie sie zu Persönlichkeiten heranreifen. Vielleicht kann ich ihnen ein Vorbild werden, in welcher Form auch immer. Und wenn es nur das Schwimmen ist, das sie hoffentlich auch alle irgendwann mit Begeisterung lernen und trainieren werden. Schluss mit dem Jammern! Ich gehe meinen Weg. Wo auch immer der Pfad mich hinführt, und wie auch immer er aussehen mag. Eigene Wege entstehen oft erst beim Gehen, in der Bewegung. Mein Leben muss in Fluss kommen. Auch wenn da Wellen sind, die manchmal über mir zusammenbrechen. Dann tauche ich eben wieder auf und lasse mich nicht unterkriegen.

Ich werde nicht selten verständnislos angeschaut, wenn ich vor anderen vom Vorangehen spreche. Die denken dann: Die kann doch gar nicht laufen. Darauf kann ich nur antworten: Warum denn nicht?! Solche Begrifflichkeiten und Redewendungen machen oft alles noch viel komplizierter, und das Aufhorchen und Wortesuchen fernab des normalen Sprachgebrauchs lässt einen leider sehr viel behinderter erscheinen, als man ohnehin schon ist. Also ich gehe nach wie vor irgendwo hin und sage nicht, ich rolle nach hinten, vorne oder zur Seite. Punkt. Und manchmal gehe ich auf dem Zahnfleisch, jemandem auf die Nerven oder die Wände hoch. Kein Kunststück.

Die Ausbildung zur Sozialversicherungsfachangestellten schließe ich 1996 erfolgreich ab. Im Anschluss bietet mir die AOK Neumünster eine Festanstellung an. Ich unterschreibe meinen ersten richtigen Arbeitsvertrag und freue mich, nun voll und ganz auf eigenen Beinen zu stehen.

Das Schwimmen wird allmählich besser. Inzwischen kann ich ein paar Bahnen am Stück ziehen. Ich denke an das Kachelzählen von früher, wenn wir im Freibad, um unsere Ausdauer zu schulen, unzählige Male die 50-Meter-Bahn hin- und hergeschwommen sind und je Trainingseinheit drei bis fünf Kilometer hinter uns gebracht haben. Bisher schaffe ich die Bahn allerdings nur in zwei Lagen: Freistil und Rücken. Da reicht die vorhandene Armkraft aus, um meinen Körper gut voran zu bringen. Das Brustschwimmen bereitet mir noch arge Probleme. Hier ist es mir noch unerträglich, in der Bauchlage mit dem Armschlag ins Hohlkreuz zu gehen. Das ist viel zu schmerzhaft im operierten Rückenbereich. Beim Delfinschwimmen, auch Schmetterling genannt, ist der sogenannte Beinkick, welcher hauptsächlich über die Hüfte eingeleitet wird, durch meine Lähmungshöhe unmöglich geworden. Ohne diesen Beinkick kann ich nicht beide Arme gleichzeitig über das Wasser nach vorne bringen, um den kräftigen Armzug auszuführen. Ich muss lernen, das irgendwie zu kompensieren. Ein gesunder Brustschwimmer holt siebzig bis achtzig Prozent seiner Leistung aus der Beinarbeit, die mir fehlt.

Meine Eltern sagen immer, Training mache den Meister, und genau das will ich: trainieren und schauen, wohin es mich bringt. Vielleicht tatsächlich zum Meisterschaftstitel?

Dann steht wieder einmal eine Kur an, die Medizin nennt das Anschlussheilbehandlung, kurz: AHB. Ziel ist die weitere Rückgewinnung der Selbstständigkeit und der Mobilität. Ich stecke jetzt in Phase D. Davor liegen die Früh-Rehabilitation (Phase B) und die weiterführende Rehabilitation (Phase C). Das sind schon zwei wirklich große Schritte. Schließlich soll ich irgendwann wieder komplett unabhängig sein und mit voller Sozialkompetenz am gesellschaftlichen Leben teilnehmen, meinen Haushalt und Alltag allein meistern. Ein hehres Ziel.

In Abstimmung mit Ärzten, Krankenkasse und der Deutschen Rentenversicherung geht die Reise nach Plau am See. Das liegt im Süden Mecklenburg-Vorpommerns. Als ich losfahre, habe ich meine Röntgenbilder, Untersuchungsbefunde, Operationsberichte und natürlich meine Schwimmsachen im Gepäck.

»Das MediClin Reha-Zentrum ist spezialisiert auf die Behandlung von neurologischen und orthopädisch-rheumatologischen Erkrankungen, ist außerdem anerkannt als Sekundärzentrum für Querschnittlähmungen«, erläutert mir eine sehr nette Frau nach meiner Ankunft und schüttelt mir die Hand. »Wenn irgendwelche Fragen zur Therapie aufkommen, wenden Sie sich gern an unsere Mitarbeiter. Natürlich haben wir auch für Ihre Ängste und Nöte immer ein offenes Ohr. Keine Scheu, Frau Bruhn. Wir sind sehr erfahren auf diesem Gebiet.«

Auf meinem Gebiet. Ich lächle und bedanke mich.

»Wissen Sie, über siebzig Prozent des Erfolges hängen von der Sympathie zwischen Therapeut und Patient ab«, erklärt mir der behandelnde Arzt später, als wir zusammen meinen Therapieplan für die nächsten sechs Wochen erarbeiten. »Haben Sie Vertrauen, dann klappt das schon.«

Dann listet er mir auf, womit ich mich demnächst beschäftigen darf: Bewegungstherapie, Ergotherapie, Kneippanwendungen, Krankengymnastik, Massagen und Sporttherapie. Dazu sind Ausflüge in die nähere Umgebung im Angebot. Das ist ein strammes Programm. Urlaub sieht echt anders aus. Neben dem vollen Behandlungsplan probiere ich verschiedene Sportarten aus und versuche mich im Kanufahren, Bogenschießen, Tischtennis und im Rollstuhlsport. Der Spaßfaktor liegt zwischen zwei und sechs auf meiner Skala. Ich will ins Wasser. Schwimmen hat eine Zehn.

Der für mich zuständige Physiotherapeut ist sehr sympathisch. Ein feiner Bursche, denke ich. Er erkennt recht schnell meine Fähigkeiten. Er lobt. Motiviert. Fördert und fordert. Und er rät mir, den Sport wettkampfmäßig zu betreiben: »Suche den Vergleich, du bist wirklich gut!« In seinem Gesicht erkenne ich ehrliche Zuversicht. Sein Lächeln gibt mir Hoffnung. Gleichzeitig bleiben eine Reihe von Bedenken. Die Erinnerungen an meine Wettkämpfe vor dem Unfall sind allgegenwärtig. Da ist Power, Schnelligkeit, Eleganz und Ehrgeiz im Spiel – all das, was ich jetzt so gar nicht mehr in mir spüre. Warum soll ich das unter Beweis stellen? Dazu noch ein Vergleich mit anderen behinderten Menschen? Zu denen gehöre ich doch gar nicht.

Auch nach meiner Rückkehr nach Neumünster rät mir eine Vereinsschwimmerin zum wiederholten Male dazu, mich mit anderen Schwimmerinnen zu messen: »Das hast du doch früher auch getan!« Alle machen mir Mut, sagen, ich solle nicht aufgeben. Ich sei doch noch so jung.

Und dann fragt mich mein Vater eines Tages: »Kirsten, was hast du denn zu verlieren?« Seine Worte zeigen auch diesmal Wirkung.

Mein Therapeut in Plau am See hat mir einen Zettel mitgegeben, auf dem er verschiedene Anlaufstellen für den professionellen Behindertensport notiert hat. Papa und ich fangen an, uns eingehender mit dem Thema zu beschäftigen. Wir holen Informationen ein beim Deutschen Behindertensportverband, dem bundesweiten Fachverband für Sportler mit Handicap. Dort erfahren wir, dass es im Landesverband Schleswig-Holstein nur in Flensburg eine Abteilung für Handicapschwimmer gibt. Der PSV Neumünster, mein Heimatverein, ist zu diesem Zeitpunkt noch nicht so weit.

Nun geht plötzlich alles ganz schnell. Schließlich will ich keine Zeit mehr verlieren, auch wenn ich eigentlich kein spontaner Mensch bin. Dafür siegt mein Pragmatismus. Der Gedanke, mich wieder mit anderen Sportlern zu vergleichen, mich zu messen an Schwimmern, die vielleicht ähnliche Schicksale ertragen wie ich, wird mir immer plausibler. Hoffentlich wird das nicht zu peinlich. Wer weiß, wie die anderen so drauf sind? Und nach welchen Kriterien wird eigentlich geschwommen?

In der Klassifizierungsordnung heißt es: »Der Deutsche Behindertensportverband e.V. (DBS) und das Nationale Paralympische Komitee (NPC) richten sich nach den Regeln des Internationalen Paralympischen Komitees (IPC). Die Klassifizierung im Schwimmen ermöglicht Menschen mit verschiedenen Behinderungen, gemeinsam an Schwimmwettkämpfen teilzunehmen. Dazu wird jeder Sportler in eine entsprechende Startklasse eingestuft, die seine funktionelle Leistungsfähigkeit berücksichtigt. Trainingszustand und Talent für die jeweilige Sportart haben keinen Einfluss auf die Einteilung in die Startklasse.«

Für mich gilt demnach ab sofort im Freistil- und Rückenbereich die Klasse S7. Hier sind Schwimmer eingestuft, die ihre Arme und den Rumpf voll benutzen können und über geringe Beinfunktionen verfügen. Hinzu kommen Athleten mit Koordinationsschwierigkeiten oder Schwächen auf einer Körperseite sowie dem maximalen Verlust von zwei Gliedmaßen.

Im Brustbereich gehöre ich fortan der Klasse SB5 an. Die Schwimmer besitzen hier uneingeschränkte Arm- und

Handfunktionen, lediglich etwas Rumpfkontrolle, aber keine verwertbaren Beinmuskeln. Ebenso aufgenommen werden Athleten mit Koordinationsproblemen, auch wenn sie noch gehen können. Sogar Zwergwüchsige stellen sich hier den Vergleichen und nicht zuletzt Schwimmer mit größeren Verlusten an zwei Gliedmaßen.

Nach erfolgreicher Einstufung meldet mich Papa recht schnell bei den Internationalen Deutschen Meisterschaften 2002 in Berlin an. Klar, Deutsche Meisterschaft, geht's vielleicht noch größer? Kleinere Wettkämpfe sind auf der Landkarte jedoch nicht zu finden, also muss ich da ran. Ein bisschen mulmig ist mir schon dabei. »Trau dich, Kirsten! Mach einfach. Du bist stark!«, höre ich immer wieder aus meinem Umfeld, das mir sinnbildlich den Rücken stärkt. Den eigentlich verletzten Rücken.

Ich bin ziemlich aufgeregt. Sechsundzwanzig Nationen sind hier am Start. Da es nicht viele behinderte Sportler gibt, die sich in Wettkämpfen messen können, sind die Deutschen Meisterschaften weltweit ausgeschrieben. Es ist der größte nationale Wettkampf unter den Sportlern mit Behinderung. Hier kommen alle Schadensklassen zusammen. Für die 50 m Rücken brauche ich 43,10 Sekunden, und damit geschieht das Unfassbare: Ich bin Internationaler Deutscher Meister!

Im Wasser ist die Welt wieder in Ordnung. Mein Körper schüttet Unmengen an Adrenalin aus. Ehrgeiz und Kampfgeist kommen hinzu und treiben mich an. Endlich habe ich meinen Pfad, meinen eigenen Weg wiedergefunden. Innere Freude macht sich breit. Und bei der Siegerehrung erwische ich mich dabei, wie eine kleine Glücksträne still über meine Wange kullert. Mit einem zusätzlichen dritten und zwei vierten Plätzen fahre ich wieder nach Hause und bin unglaublich bestärkt und zufrieden.

Durchbruch und erste Erfolge

Der Deutsche Behindertensportverband wird auf mich aufmerksam. Im November 2002 trete ich in Chemnitz bei den Deutschen Kurzbahnmeisterschaften an. Einhundertfünfzehn Teilnehmer aus sechsunddreißig Vereinen sind gemeldet. Für mich ist das Brustschwimmen als neue Lage dazugekommen. Früher, vor meinem Unfall, war sie meine Hauptdisziplin. Aber ohne Unterstützung meiner Beine muss alle Kraft aus den Armen kommen. Das ist wahnsinnig anstrengend. Doch ich kämpfe. Und erschwimme mit 53,25 Sekunden auf fünfzig Meter den Kurzbahn-Weltrekord. Welch ein erhebendes Gefühl! Dazu hole ich noch ein Mal Silber und ein Mal Bronze über Freistil und Rücken. Nach dem Wettkampf stellt sich das unwirkliche Gefühl ein, als würde sich jetzt plötzlich alles zum Guten wenden. Dabei bin ich immer noch Kirsten – ganz egal, ob mit oder ohne Behinderung.

Im Dezember 2002 werde ich erstmals zum Nachwuchslehrgang der Nationalmannschaft des DBS, Abteilung Schwimmen, nach Erfurt eingeladen. Mit dreiunddreißig Jahren zu einem Nachwuchslehrgang zu fahren, hört sich reichlich albern an. Mit neuen Eindrücken und komplizierten Athletikübungen im Gepäck kehre ich nach Hause zurück. Ab jetzt fließt der Schweiß in Strömen. Mein Trainingspensum steigt stetig an und ist neben der Arbeit mein tagesfüllendes Programm. Voller Spannung blicke ich in die ungewisse Zukunft. Die Nationalmannschaft DBS Schwimmen ist zu diesem Zeitpunkt bei der Weltmeisterschaft in Argentinien. Das sind für mich die richtigen Helden. Und ich frage mich, ob ich das auch irgendwann schaffe und zu ihnen gehöre.

Das nächste Ziel ist ein Lehrgang mit der Nationalmannschaft im Frühjahr 2003. Hier will ich natürlich nicht schwächeln und mich von meiner besten Seite zeigen.

Wieder haben mein Vater und ich das Training angezogen. Im Sommer 2003 bin ich schließlich mit der Nationalmannschaft zu einem internationalen Wettkampf in Kanada, bei den Canadian Open in Edmonton. Dort hole ich mir meinen ersten offiziellen Weltrekord auf der 50-Meter-Bahn in meiner Paradestrecke 100 m Brust. Zwar schwimme ich den Weltrekord im Vorlauf und werde später im Finale disqualifiziert – angeblich soll ich einen Delfinkick bei der Wende durchgeführt haben, das ist absoluter Quatsch, den kann ich nämlich gar nicht, mir fehlen die körperlichen Voraussetzungen dazu –, meinen ersten Langbahn-Weltrekord aber habe ich in der Tasche, und den kann mir keiner mehr nehmen. Nach den Erfolgen gehöre ich ab sofort zum Kader für die Paralympics 2004 in Athen.

Das Training zu Hause wird immer intensiver. Ich steigere mich auf drei bis sechs Wassereinheiten zu je eineinhalb bis zwei Stunden pro Woche und zusätzlich sechs Einheiten Kraft und Athletik. Ab Januar 2004 trainiere ich wöchentlich fünfmal im Wasser.

Vier Komma drei Kilometer Schwimmen heißt das Tagespensum im Freibad von Neumünster. Ich bin froh, wenn ich hinterher ausschwimmen kann. Dann ist die Übungseinheit nämlich zu Ende. »Tausend Meter Einschwimmen«, lautet Papas erste Anweisung, der nun den Job meines Trainers übernommen hat, »brauchst du, um deinen Kreislauf in Schwung zu bringen.«

Ich gebe keine Widerrede, sondern beginne sofort, meine Bahnen zu ziehen. Keine Zeit für einen Blick hinüber zu den Freizeitschwimmern, die munter vom Startblock hüpfen und damit für viel Wasserbewegung sorgen. Im Wettkampf ist es für mich einfacher, weil das Wasser nicht so wellig ist. Aber genau wie mein Vater bin ich froh, dass ich im Freibad von Neumünster meine »eigene« Bahn nutzen kann. Natürlich würden dem Bad am Stadtwald die sogenannten Wellenkillerleinen, die für eine Beruhigung des Wassers sorgen könnten, zupasskommen. Aber die Finanzierung ...

Nach dem Aufwärmen geht es – stets ohne Startkommando – ans Eingemachte. Je zehnmal sechzig Meter und hundertfünfundzwanzig Meter in den Lagen Freistil, Brust und Rücken. Auf hundert Meter oder zweihundert Meter wird locker ausgeschwommen. Darauf folgen noch zweimal vierhundert Meter Freistil mit Dreier- und Fünfer-Atmung, bei der ich also nach drei beziehungsweise fünf Armzügen nach rechts oder links Luft holen kann. Dazwischen gibt's keine Pausen. Still läuft die Uhr am Beckenrand mit.

Ich arbeite weitgehend autark. Bei den Bahnen zum Auslockern darf ich die Lage selbst bestimmen. Mein Vater ist nur stiller Beobachter. In der rechten Hand hat er eine Stoppuhr und vergleicht permanent die Zeiten. Beim intensiveren Training bedient er sich eines psychologischen Tricks und lässt mich immer weiter schwimmen als später im Wettkampf. »Das ist wichtig für den Kopf«, sagt er. Natürlich habe ich das durchschaut. So werden an die 50-Meter-Strecke noch zehn und an die 100-Meter-Strecke noch fünfundzwanzig Meter angehängt. Meine Füße sind getaped, also einzeln mit Klebeband verbunden, damit ich mir bei den Wenden keine Schnittverletzungen zuziehe. Am Ende des anstrengenden Trainings huscht mir dann meist doch ein Lächeln übers Gesicht: Geschafft, wieder vier Komma drei Kilometer näher an Athen. Nur eines fürchten wir immer: eine Erkältung. Die Außentemperatur beträgt zwanzig Grad, und das Wasser ist sechsundzwanzig Grad warm. Wenn ich mich aus dem Becken gestemmt habe, heißt es also schnell warm anziehen und ab nach Hause.

Dort sieht es beim Krafttraining etwas anders aus. Fitnessstudios mag ich nämlich überhaupt nicht. Auf dem Plan stehen achtundzwanzig Kilometer Rad fahren auf dem Hometrainer, die vorgegebene Zeit beträgt eine Stunde. Der Körper soll warm werden. Auf dem Rad trete ich die Pedale, ziehen geht nicht. Es folgen fünfhundert Sit-Ups für die Bauchmuskulatur und neunzig Liegestütze für Arme und Rumpfmuskeln. Den Abschluss bilden dreißig Klimmzüge und viel Dehnung.

Dank des DBS und der Deutschen Stiftung Sporthilfe brauche ich nur noch dreißig Wochenstunden zu arbeiten, Letztere gleicht den Arbeitskraftverlust bei der AOK aus. Durch diese Regelung entsteht mir kein finanzieller Verlust, auch wenn die Sporthilfe nicht alle Kosten trägt, die mir durch das Schwimmen entstehen. Aber ich muss mir keine Sorgen machen und kann mich stattdessen akribisch auf das sportliche Highlight in Athen vorbereiten: die Paralympics.

Im März 2003 stelle ich mich in Chemnitz für eine Leistungs- und Trainingsüberprüfung beim Bundestrainer Doktor Johannes Bruns und seinem Co-Trainer Bernhard von Welck vor. Beide sind mit meiner Entwicklung zufrieden. »Kirsten, du kannst es schaffen«, verlautbaren sie fast unisono. Ein Satz, den ich wohl nie vergessen werde.

Olympische Spiele sind ein Traum. Das gilt für alle Sportler in allen Sportarten. Erst recht sind sie es, wenn man eine Behinderung als persönliches Schicksal meistert.

Ich bin nun auf dem besten Wege, mich für die Paralympics zu qualifizieren. Athen 2004 ist mein ganz großes Ziel, denn ich möchte mich von meiner inkompletten Querschnittlähmung auf gar keinen Fall unterkriegen lassen. Schließlich ist das Rückenmark nicht durchtrennt, weshalb ich noch Restfunktionen habe, die ich immer weiter stärke und bewusst in das Training integriere. Meine Oberschenkelmuskeln kann ich wieder ein Stück weit aktivieren. Zusammen mit den Bauchmuskeln halten sie mich, wenn ich stehe. Bei gesunden Menschen regeln das die Gesäß- und die hintere Oberschenkelmuskulatur.

Das Wasser lässt mich meine Einschränkung mehr und mehr vergessen. Meine Beine sind kein Ballast mehr, sondern ich versuche, sie, so gut es geht, gezielt im Training zu nutzen und sie für die Wasserlage gerade als Stabilisator zu gebrauchen.

Für uns behinderte Athleten gibt es leider noch nicht allzu viele Wettkampfmöglichkeiten. Im Allgemeinen spreche ich nur ungern von Behinderten, der Begriff »Sportler mit Handicap« geht mir weitaus leichter von den Lippen, denn er ist der angemessenere. Unter Handicap verstehe ich, etwas unter erschwerten Bedingungen zu leisten, sich manchmal selbst zu übertreffen. Und das trifft auf die paralympischen Teilnehmer auf jeden Fall zu.

Drei Paralympics, viele Medaillen

Ich bin bestimmt kein Girl aus der Zeit des Rock'n'Roll. Aber ein Titel ist mir immer im Gedächtnis geblieben: »Too old to rock'n'roll, too young to die« von der britischen Rockband Jethro Tull. In meiner eigenen Übersetzung heißt das: »Du bist so alt, wie du dich fühlst.« Und zum Schwimmen bin ich noch nicht zu alt. Erst recht zu jung zum Sterben – wenn wir das jetzt einmal nur auf die Sportlaufbahn beziehen.

Für mich geht bei den Paralympics in Athen 2004 ein echter Traum in Erfüllung. Mit der Bronzemedaille über 100 m Freistil und der Silbermedaille über 100 m Rücken gewinne ich erstmals Edelmetall. Ich fühle mich wie in einer Achterbahn, meine Emotionen spielen total verrückt. Nach einem vierten Platz über 400 m Freistil folgt die Krönung mit dem Gewinn der Goldmedaille über 100 m Brust. Dazu stelle ich einen neuen paralympischen Rekord auf – und werde sofort zur Dopingkontrolle gebeten. Aber ich kann kaum Wasser lassen unter dem Druck. Ich trinke sechs Flaschen Wasser, um den Flüssigkeitshaushalt zu optimieren und endlich meinen Urin in die bereitstehenden Ampullen zu füllen. Nur knapp vor der Siegerehrung bin ich mit der Prozedur fertig. Als ich auf dem Podest schließlich die deutsche Nationalhymne höre, kehrt sich die bis dahin schlimmste Situation meines Lebens in einen der schönsten Momente um. Wie irreal das alles ist! Statt den Augenblick zu genießen und die feierliche Zeremonie bei meiner Siegerehrung zu realisieren, drückt meine Blase unerträglich. Doch die Toilette ist nun fern.

Am Ende hole ich über 50 m Freistil noch einmal Silber. Dabei starte ich, wie bei allen meinen Wettkämpfen, aus dem Wasser. Den Nachteil, nicht vom Startblock springen zu können, kann ich auch diesmal mit meiner Kraft und absoluter Konzentration kompensieren.

»Wow, was für ein Erfolg: Bronze, zweimal Silber, Gold! Liebe Kirsten, du bist unglaublich. Hammer, wir sind sooo stolz auf Dich.« Das Begrüßungsplakat meiner Nachbarn aus Wasbek, wo ich inzwischen zu Hause bin, nach der Rückkehr aus Athen werde ich wohl nie vergessen. Dazu gibt's reichlich Blumen und Champagner. Dabei nippe ich nur ein bisschen am Glas, denn ich mag überhaupt keinen Alkohol. Ich bin überwältigt von dem herzlichen Empfang. Meine Eltern haben mich zuvor am Flughafen abgeholt und genauso wie ich haufenweise Tränen vergossen.

Schleswig-Holsteins Ministerpräsidentin Heide Simonis gehört zu den ersten Gratulanten. Auch Wasbeks Bürgermeisterin Dörte Kühl beglückwünscht mich. Genau wie für den Olympioniken und Hockey-Bronzemedaillen-Gewinner Eike Duckwitz hat die Stadt Neumünster einen Empfang ausgerichtet und für diesen Tag die offizielle Beflaggung aller städtischen Gebäude angeordnet. Ich absolviere einige Pressetermine und fahre dann weiter nach Kiel ins Fernsehstudio des »Schleswig-Holstein-Magazins«. Dort berichte ich von meinen Eindrücken, von den Wettkämpfen und den Emotionen, die einen überkommen, wenn man auf dem olympischen Siegertreppchen steht und den Lorbeerkranz ins Haar gedrückt bekommt.

Natürlich möchte ich auch die Schattenseite der Spiele in Athen nicht verschweigen: Kurz vor der Schlussfeier verunfallt eine Schülerreisegruppe aus dem Dorf Farkadona auf dem Weg ins Olympiastadion mit einem Lkw. Sieben Kinder sterben, über dreißig werden verletzt. Aus diesem traurigen Anlass entscheidet das Organisationskomitee, die Feierlichkeiten stark einzukürzen. Die Fahne wird übergeben und das olympische Feuer gelöscht. Die Welt nimmt Anteil.

Vier Jahre später finden die Spiele in China statt. Peking, eine beeindruckende Stadt mit dreitausendjähriger Geschichte, bringt mir eine Gold-, eine Silber- und drei

Bronzemedaillen ein. Erfolgreichste deutsche Sportlerin der Paralympischen Spiele ist Dressurreiterin Hannelore Brenner, und Deutschland belegt im Medaillenranking Platz elf.

Nach meiner Rückkehr weiß ich anfangs gar nicht, wo ich eigentlich bin: in Peking oder in Wasbek? Wasser ist Wasser. Der Empfang meiner Kollegen aus der AOK Neumünster hilft da nicht unbedingt weiter: Im Bad am Stadtwald warten sie mit einer tollen Choreografie auf. Wohl eine Idee meiner Freundin Sandra, mit der ich seit der Ausbildung durch dick und dünn gehe. Die Kollegen haben spitze Hütchen auf den Köpfen und tragen einen selbstgedichteten Willkommenstext vor, der statt der Rs lauter Ls enthält. Damit hören sie sich genauso an wie Asiaten, wenn sie versuchen, Deutsch zu sprechen. Ich lache Tränen und bin sehr gerührt.

Das Training in den Jahren nach den Spielen in Athen und Peking wird immer professioneller. Ich schwimme zeitweilig im Olympiastützpunkt Berlin-Hohenschönhausen. Dort analysiert man jeden Bewegungsablauf, jeden Wert und jede Zeit ganz genau. Unterstützung erhalte ich von Phillip Semechin. Wir verstehen uns immer besser und sind seit der »Champion des Jahres«-Woche, initiiert von der Stiftung Deutsche Sporthilfe und dem Robinson Club, in der Türkei im September 2009 ein Paar. Da fand ich ihn noch ziemlich verrückt, und er gibt rückblickend zu, dass er sich anfangs gar nicht hat vorstellen können, mit einer sechzehn Jahre älteren Frau zusammenzusein. Doch ich habe den ersten Schritt gewagt und ihm einfach einen Kuss gegeben. Und was sagt er? »Endlich! Geht das noch mal?«

Phillip ist ein sehr geduldiger Mensch und kann gut erklären, was besonders in seiner Arbeit mit behinderten Kindern und Jugendlichen zum Tragen kommt. Viele von ihnen leben in Pflegefamilien und hängen sehr an ihm. Er nimmt sich Zeit für sie, analysiert ihre Schwimmtechniken und passt seine Trainings an ihre Besonderheiten an. »Sport ist eine Chance«, sagt er immer. Früher war er selbst Hochleistungsschwimmer, musste aber seine aktive Karriere wegen Knieproblemen aufgeben. Er versteht mich, gibt mir Halt und kurbelt immer wieder mein Selbstbewusstsein an, wenn die Zweifel mich zu Boden drücken. Er kann mit meinen Tränen umgehen.

Inzwischen sind wieder vier Jahre vergangen. Die Spiele in London stehen vor der Tür. Die Trainingsumfänge sind deutlich gestiegen. In Absprache mit meinem Arbeitgeber und der Stiftung Deutsche Sporthilfe kann ich die wöchentliche Arbeitszeit auf fünfundzwanzig Stunden reduzieren. Schon zum dritten Mal gehöre ich nun zum Top-Team Deutschlands, welches vom Deutschen Behindertensportverband aufgestellt und entsprechend über die Stiftung Deutsche Sporthilfe finanziell unterstützt wird. Man unterscheidet somit zwischen einem sporthilfegeförderten und einem nicht-sporthilfegeförderten Kader. Jeder Athlet der ersten Gruppe erhält aufgrund seiner Kaderzugehörigkeit eine finanzielle Grundförderung. Dazu kommen weitere Fördermöglichkeiten, die sich an den individuellen Bedürfnissen des Einzelnen orientieren. Schließlich sollen wir Medaillen holen, und um den hohen Anforderungen des internationalen Konkurrenzdrucks im Behindertensport gerecht zu werden, arbeitet der DBS seit vielen Jahren eng mit Institutionen aus Politik, Sport und Wirtschaft zusammen.

Auch in London will ich beweisen, dass ich kein Mensch zweiter Klasse bin. Mein Ziel sind zwei Medaillen. Das hört sich wenig an, vor allem nach den Erfolgen bei den vergangenen Paralympics. Meine Kontrahentinnen aber sind inzwischen rund zwanzig Jahre jünger als ich. Außerdem wurde das Klassifizierungssystem immer weiter aufgeweicht. So werden Sportler mit angeborener Gelenksteife oder beispielsweise einer Muskelschwäche jetzt in die gleiche Schadenklasse wie ich eingruppiert. Ich denke jedoch, dass das schon einen Unterschied macht, ob ein Handicap angeboren ist oder nicht. Fertigkeiten werden so unterschiedlich lange trainiert.

Bei der Eröffnungsfeier führt die blinde Schwimmerin Daniela Schulte die deutsche Mannschaft ins Londoner Olympiastadion. Meine dritten Paralympics laufen erwartungsgemäß. Nach Silber über 100 m Rücken und dem fünften Platz über 50 m Freistil will ich noch einmal Gold gewinnen. Dreimal Gold innerhalb von zwölf Jahren, dreimal Gold über 100 m Brust – ich wäre die Erste, die das geschafft hat. Und es gelingt mir tatsächlich! Ich schlage im Vorlauf als Erste an. Ich schaue zur Uhr: 1:35,03 Minuten. Neuer paralympischer Rekord. Zum dritten Mal in Folge. Das ist der absolute Hammer!

Die Messlatte für das Finale hängt hoch, aber ich weiß, dass ich in Form bin. Wenn ich mich nicht verschlucke oder ertrinke, werde ich heute Abend im Finale gewinnen. Gesagt, getan. Die Uhr stoppt bei 1:35,05 Minuten. Die erneute Verbesserung des Rekordes habe ich damit um zwei Hundertstelsekunden verpasst. Ich habe es den jungen Girls trotzdem gezeigt: »Too old to rock'n'roll, too young to die!«

Ein bisschen Wehmut ergreift mich schon, als ich zum letzten Mal ins Olympiastadion in London gehe. Noch mal werde ich nicht antreten. Aber ich habe bei drei Paralympics elf Medaillen gewonnen. Damit kann ich sehr zufrieden sein.

Neumünsters Oberbürgermeister Doktor Olaf Tauras sagt nach meiner Rückkehr: »Sie haben eine Energieleistung erbracht, die ein Außenstehender kaum ermessen kann.« Und auch mein Vater ist außer Rand und Band: »Wir haben es tatsächlich geschafft! Bei drei Paralympischen Spielen war Kirsten jeweils auf dem Höhepunkt ihrer Leistungsfähigkeit.«

Schön ist es, dass ARD und ZDF ihre Berichterstattung auf die Paralympics ausgeweitet haben und in London live dabei waren. Endlich bekommen wir Handicap-Sportler mehr Beachtung und werden über unsere außergewöhnlichen Leistungen definiert. Für Sir Philip Craven, Präsident des Internationalen Paralympischen Komitees, waren die Londoner Spiele die größten Paralympics aller Zeiten. Da bin ich ganz seiner Meinung. Es sind meine Abschiedsspiele.

In meiner Laufbahn bin ich dann und wann nach meiner Meinung zu Doping gefragt worden. Ich habe am eigenen Körper erfahren, wie schwer es ist, fit zu bleiben, zum richtigen Zeitpunkt Kraftreserven zu aktivieren und sich dabei nicht völlig leerzupumpen. Manch einer mag in ausweglosen Situationen nach Mitteln greifen, die die eigene Leistung unterstützen, um gegen die Konkurrenz zu bestehen, um weiterhin vorne mitzuschwimmen und zu gewinnen. Ich habe das nie getan, sondern auf natürliche Weise an mir gearbeitet: Krafttraining, Ausdauertraining, gesunde Ernährung, genügend Schlaf. Alle Dopingkontrollen, viele völlig überraschend, verliefen negativ.

Es steht fest, dass ich bei den Paralympics 2016 in Rio de Janeiro nicht mehr aktiv dabei sein werde. Rechtzeitig den Absprung zu schaffen, ist schwer. Mir ist wichtig, dass ich als aktive Sportlerin aufhöre und nicht als alte Frau. Ich möchte das Leben – so es denn geht – ohne Schmerzen genießen. Dennoch höre ich nicht direkt nach den Paralympics in London auf. Dank meines neuen Arbeitgebers, dem Unfallkrankenhaus Berlin und meinem Chef Professor Doktor Ekkernkamp, und dank meiner anhaltenden Leistungen sowie dem damit einhergehenden Kaderstatus kann ich mein Training aufrechterhalten. 2013 starte ich bei den Weltmeisterschaften in Montreal/Canada und 2014 bei den Europa-Meisterschaften in Eindhoven/Niederlande.

Danach aber sage ich mir: Dreizehn Jahre paralymischer Leistungssport sind für mich jetzt genug. Es kommen andere Herausforderungen und Aufgaben auf mich zu.

Brasilien erlebe ich also aus der zweiten Reihe. Bis zum Sommer 2016 macht die Deutsche Gesetzliche Unfallversicherung einige talentierte junge Reporter mit der Materie olympischer Behindertensport vertraut. Die *Paralympics Zeitung*, die die DGUV zusammen mit dem *Tagesspiegel* seit 2004 herausgibt, wird Nachwuchstalente, die sich für Journalismus, Sport und Social Media interessieren, nach Südamerika schicken. Vor Ort werden diese dann Interviews mit Größen aus Sport und Politik führen und Artikel darüber schreiben.

Genauso wie auf diese jungen Perspektiven freue ich mich, die Paralympics für die ARD als Expertin zu begleiten, aus Brasilien Bericht zu erstatten und Einschätzungen zu den Sportlern und ihren Wettkämpfen abzugeben. Das wird eine ganz neue Erfahrung für mich, in die Rolle der Beobachterin fernab des Pools zu schlüpfen und so die Atmosphäre der Spiele und die einzigartige Kultur des Landes viel besser erfassen zu können. Ich empfinde es als eine Auszeichnung und werde mich entsprechend diszipliniert, wie zuvor im Wasser, nun außerhalb und in der Theorie, darauf vorbereiten.

Der Wettkampf kann beginnen

»Schwimm, oder du hast ein Problem!« Schon mit drei Jahren lerne ich schwimmen und tauchen (rechts, mit Schwimmflügeln, vor meiner Mutter), 1973

Paralympics 2004 in Athen

Über 50 m Brust werde ich 2002 bei den IDM in Berlin zum ersten Mal Meisterin

Start aus dem Wasser für 100 m Freistil in Athen, 2004

*Ich habe es tatsächlich geschafft! Meine erste Paralympische
Goldmedaille über 100 m Brust, 2004*

»Behindertensportlerin des Jahres 2005«

Um den Beinkraftverlust wettzumachen und gleichzeitig gelenkig zu bleiben, muss ich hart trainieren

Mit der Goldkappe zur Goldmedaille bei der WM 2006 in Durban, Südafrika

In Bonn einigen sich Vertreter aus Wirtschaft und Behindertensport auf Initiative des Bundespräsidenten Horst Köhler auf eine
effektive Förderung von Leistungssportlern mit Behinderung
und die Unterstützung der Paralympischen Bewegung, 2006

Die Konzentration vor dem Start zahlt sich aus: In Berlin
schwimme ich 2008 bei den IDM nach acht Starts zu acht
Siegen und stelle gleichzeitig acht neue Weltrekorde auf

Mit der Goldmedaille über 100 m Brust um den Hals werde ich nach der Siegerehrung bei den Paralympics in Peking zu meinem Platz geleitet, 2008

Nach zweimal Bronze und einer Silbermedaille rührt mich meine Goldmedaille zu Tränen, Peking 2008

*Meine Arbeitskollegen von der AOK Neumünster »beglüßen«
mich und »glatulielen von Helzen«, als ich aus Peking zurück-
komme, 2008*

Training im Stadtbad Neumünster, 2009

2008 habe ich die Ehre, mich in das Goldene Buch meiner Heimatstadt Neumünster einzutragen

Seit 2006 gelingt mir der Start vom Block. Meine Füße sind getapt, zum Schutz vor Verletzungen beim Start und bei den Wenden, IDM in Berlin, 2008

Berliner Wasser: Insgesamt sechsmal gewinne ich Gold bei den
25. Internationalen Deutschen Meisterschaften 2008

Radsportler Wolfgang Sacher und ich erhalten von Bundeskanz-
lerin Angela Merkel die Auszeichnung »Behindertensportler des
Jahres 2008«

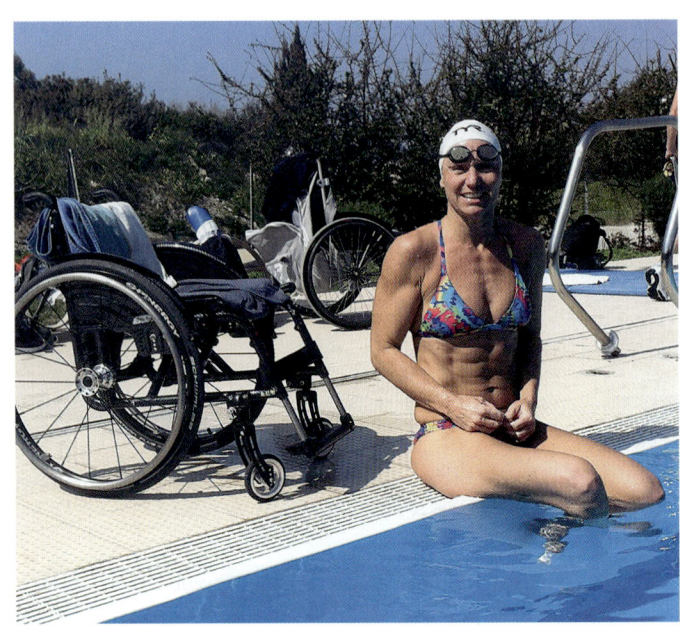

Auch im Trainingslager darf der Spaß nicht zu kurz kommen,
hier auf Zypern (oben) und Fuerteventura (unten)

Meine dritten und letzten Paralympics: In London hole ich über 100 m Brust die Goldmedaille, 2012

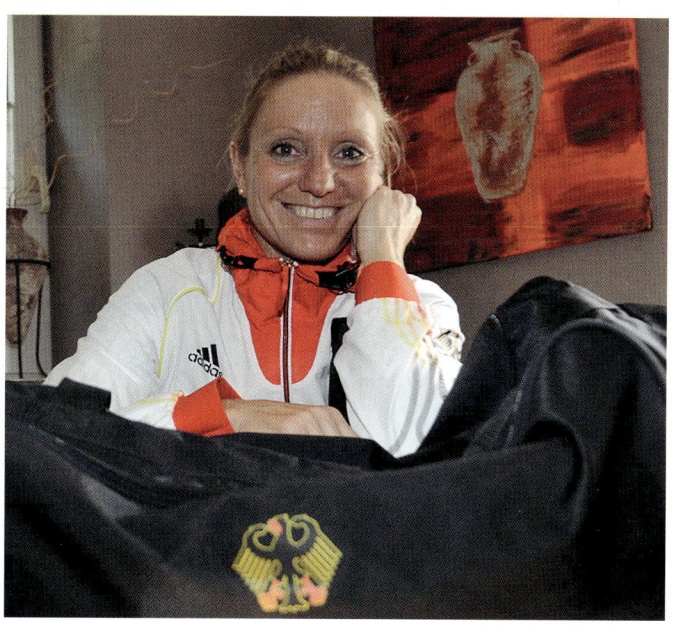

Nach der Rückkehr von den Paralympics in London stellen sich der Neumünsteraner Oberbürgermeister Olaf Tauras (l.) sowie meine Eltern Heike und Manfred zum Gruppenbild auf, 2012

*In der Kategorie »Sport« bekomme ich neben Jonas Recker-
mann (l.) und Julius Brink den Bambi überreicht, 2012*

*Seit 2005 halte ich Impuls-Vorträge über Grenzerfahrungen,
Erfolgsstrategien und darüber, persönliche Krisen in Chancen zu
verwandeln*

Phillip und ich bei der Filmpremiere von »Gold« in Hamburg, 2013

Die Boxer Wladimir (l.) und Vitali Klitschko, Innenminister Hans-Peter Friedrich, mein Lebensgefährte Phillip Semechin und Ex-Turner Eberhard Gienger (r.) bilden die Kulisse für die Hauptdarsteller des Films »Gold«: Joseph Kibunja und Henry Wanyoike (Mitte) sowie Kurt Fearnley und ich (vorn)

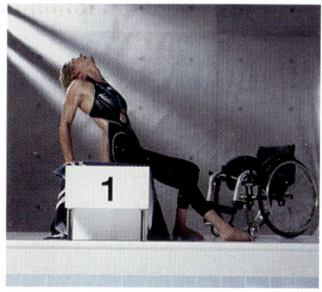

Bei professionellen kommerziellen Fotoshootings werden mein Gesicht und mein Körper in Szene gesetzt. Die Behinderung tritt in den Hintergrund. Was zählt, bin ich

Zweimal Gold und einmal Bronze bei den Europameisterschaften 2014 in Eindhoven, Niederlande – Ein toller Karriereabschluss

Ohne den unglücklichsten Tag in meinem Leben hätte es die glücklichsten wohl nie gegeben

Der Film »Gold – Du kannst mehr als Du denkst«

Bei einem geselligen Beisammensein mit Gregor Doepke, dem Leiter Kommunikation und Pressesprecher der DGUV, und Andreas F. Schneider von der Brandstage TV GmbH werden erstmalig Gedanken und Vorstellungen zu einem Kinofilm mit paralympischen Athleten ausgetauscht. Alle Anwesenden, einschließlich mir, sind von der Idee angetan, Menschen mit Behinderung im privaten, beruflichen und sportlichen Umfeld zu begleiten und völlig unvoreingenommen ihren Alltag zu zeigen. Weder Mitleid noch die Behinderung sollen hierbei im Vordergrund stehen, sondern genau das Gegenteil: Mensch, Lebensmut, Power und Emotionen, wie sie in jedem Leben enthalten sind, sollen die tragenden Elemente sein. Authentizität ist das Schlüsselwort.

Dann wird mir die Frage angetragen, ob ich mir vorstellen könnte, Protagonistin in einer solchen abendfüllenden Dokumentation zu sein.

Total fasziniert und ohne lange nachzudenken antworte ich: »Okay, wenn das Projekt wirklich auf die Beine gestellt wird, fühle ich mich sehr geehrt, ein Teil davon zu sein.« Danach muss ich erst mal schlucken. Was habe ich da gerade gesagt? Jetzt soll ich auch noch bei einem Film mitmachen. Einem Kinofilm. Ich, die Brunhilde aus Schleswig-Holstein? Nee, is' klar! Die Idee finde ich natürlich gut, das könnte tatsächlich ein bahnbrechender Film werden. Trotzdem habe ich große Bedenken, wie die Idee umgesetzt werden soll, damit der Inhalt einerseits den Darstellern gerecht und andererseits den Zuschauern nachhaltig verständlich wird.

Der Hauptgeschäftsführer der DGUV, Doktor Joachim Breuer, ist – genauso wie Gregor Doepke – überzeugt von der Idee. Die Deutsche Gesetzliche Unfallversicherung beteiligt sich maßgeblich an der Finanzierung des Filmprojekts und schiebt deren Umsetzung an. Mit Ehrgeiz und viel Energie wird ein überzeugendes Konzept entwickelt.

Der Produzent Andreas F. Schneider sitzt selbst im Rollstuhl. Kurz vor dem Abitur ist ihm ein Kopfsprung in einen Baggersee zum Verhängnis geworden. Das Wasser war nicht tief genug. Er weiß also genau, wovon er spricht, wenn er die Intention des Films vorstellt. Zusammen mit Hendrik Flügge ist er auf der Suche nach weiteren Darstellern, muss aber schnell feststellen, dass ein solcher Film sich nicht mit der heißen Nadel stricken lässt. Der Aspekt der Integration soll eine Rolle spielen, Sport und Rehabilitation gilt es zu koppeln. Außerdem soll es eine wahre Geschichte werden. »Mit Bildern, mit Sport. Da habe ich plötzlich Bilder im Kopf: Mensch in der Natur. Menschen mit Behinderungen, die die Natur bewältigen«, sagt Michael Hammon, der als gelernter Kameramann bei diesem Film Regie führt, später.

Zunächst dauert die Suche nach den anderen beiden Protagonisten. Zu allem Überfluss liegt Michael Hammon bei der Planung gerade im Krankenhaus. Er ist vom Dach gestürzt und hat sich einige Knochen gebrochen. Sein Schutzengel bewahrt ihn vor einer Querschnittlähmung.

Schließlich werden die Macher des Films fündig: Neben mir werden Henry Wanyoike, ein blinder Marathonläufer aus Kenia, und Kurt Fearnley, ein australischer Rennrollstuhlfahrer, porträtiert. Es wird eine atemberaubende Geschichte, die sich über drei Kontinente erstreckt. Über zwei Jahre arbeiten mehr als einhundertvierzig Menschen an diesem Projekt.

»Wir wollten etwas erzählen, was jeder – auch jemand, der eigentlich nichts über den Sport von Menschen mit Handicap weiß – in seiner Bedeutung und Leistung versteht«, geben Andreas F. Schneider und Hendrik Flügge später zu Protokoll. Denn wirklich jeder kann nachvollziehen, dass die persönliche Bedeutung einer Goldmedaille bei den Olympischen Spielen gleichzusetzen ist mit der Goldmedaille für einen Sportler bei den Paralympics. Nelson Mandelas Motto, dass der Sport die Kraft habe, die Welt zu verändern und Menschen zusammenzubringen, gilt eben nicht nur für den Fußball.

Zu Beginn der Dokumention schwimme ich im offenen Meer. Es ist der Kampf mit den Wellen, mit dem Wind, der Kampf mit den Elementen. Das Leben ist kein Wunschkonzert, doch aufzugeben, kommt für mich nicht infrage. Ich werde in unserem Schwimmbad in Neumünster gefilmt. Die Kameras am Beckenrand nehme ich schon nach wenigen Augenblicken kaum noch wahr. Auch sonst sind bei meinem Training Gäste anwesend oder andere Schwimmer sind ebenfalls im Wasser und schauen herüber – und manchmal auch betreten zur Seite, wenn ich mit meinem Rolli ankomme. Es ist ein großartiges Gefühl, schneller zu sein als diejenigen, die kein Handicap haben.

Wirklich hart, vielleicht sogar brutal ist der Moment, als ich im Film die Klinik in Hamburg-Boberg betrete – das Krankenhaus, in dem ich viele Monate meiner Rehabilitation verbracht habe. Jetzt sehe ich plötzlich Menschen, denen es ergeht wie mir damals. Sie stehen noch am Anfang. Sie wissen noch nicht, was das Leben mit ihnen vorhat. Der Klinikgeruch ist mir sofort wieder vertraut. Der Anblick der Liegen, der Rollstühle, der Therapeuten und meines Krankenzimmers, das ich seit meiner Entlassung nie wieder betreten habe, produziert in einer unglaublichen Geschwindigkeit Bilder in meinem Kopf. Die Schublade der Erinnerungen steht wieder offen. Die Kamera neben mir nehme ich erst wahr, als ich zu weinen beginne. Die Aufnahme wird unterbrochen. Vor mir sehe ich wieder meine Eltern, die so hilflos alles haben mit ansehen müssen, dann Jan, der zu Besuch kommt, weswegen ich vor Aufregung ins Bett mache. Ein unwürdiger Moment, in dem ich mich elend gefühlt habe, in dem ich nur die Augen schließen und nie wieder aufwachen wollte. Dazu die Schmerzen. Die Albträume von einem Leben im Sitzen, ohne je wieder laufen, hüpfen und springen zu können.

Ich spreche mit einigen Patienten, besonders mit einer Frau, die einen Reitunfall erlitten hat. Ich sage ihr und allen anderen: Das Leben hat einen Sinn, gebt nicht auf. Das Weitermachen lohnt. Es gibt noch viele schöne Dinge für euch auf dieser Welt. Nur findet das Ganze eben jetzt aus einer anderen Perspektive statt.

Nach den ersten Drehtagen im Sommer 2011 liegt eine ganz besondere Stimmung in der Luft. Regisseur Michael Hammon und Kameramann Marcus Winterbauer sowie das gesamte Team sind tief beeindruckt – und das von mir. Meine Schilderungen waren anscheinend so intensiv, dass das gesamte Team mit den Tränen kämpfen musste. In der Abendsonne entstehen erste Bilder von Papa und mir beim Schwimmtraining. Sehr emotional sind später auch die Aufnahmen bei mir zu Hause: Ich sitze auf dem Sofa und erzähle aus meinem Leben, lasse nichts aus. Es werden Dinge für die Ewigkeit festgehalten, die ich bisher nur meiner Familie und meinen engsten Freunden anvertraut habe – nicht aber der Weltöffentlichkeit. Das gesamte Projekt ist wahrlich ein mentaler Striptease. Manchmal frage ich mich, warum ich mir das bloß antue.

Im Herbst 2011 reist das Team zu Kurt Fearnley nach Australien. Er wohnt in dem kleinen Städtchen Carcoar in New South Wales in Australien, rund zweihundert Kilometer westlich von Sydney. Dort spielt Kurts Geburtsfehler nie eine Rolle – er gehört überall wie selbstverständlich dazu, wird nirgends ausgegrenzt, wird akzeptiert, so wie er ist. Das ist Inklusion pur. Dabei ist er durch eine sakrale Agnesie, einer fehlerhaften Bildung im unteren Teil der Wirbelsäule, sehr gehandicapt. Kurt glaubt jedoch, den perfekten Körper für das Fahren im Rennrollstuhl zu haben. Sein Sport wird zur paralympischen Disziplin. Er trainiert unglaublich hart und nimmt erfolgreich an den Spielen in Sydney 2000, Athen 2004, Peking 2008 und London 2012 teil. Dabei gewinnt er zwölf paralympische Medaillen, drei in Gold.

Im Februar 2012 dient die Kulisse Kenias für schöne Bilder. Dort wird die Story von Henry Wanyoike verfilmt: Henry steht kurz vor seinem einundzwanzigsten Geburtstag, als er über Nacht einen Schlaganfall erleidet. Er ergibt sich jedoch nicht seinem Schicksal, das gerade in den Entwicklungsländern immer noch oft in der Armut endet, sondern nimmt mit der Unterstützung seiner Familie und Freunde diesen persönlichen Schicksalsschlag bewusst an. Die Christoffel-Blindenmission gibt ihm einen Platz in ihrem Rehabilitationszentrum. Henry hat Talent zum Laufen. Mit einem Begleiter – beide sind mit einer Schnur verbunden – geht er auf seine jeweilige Strecke. Erstmals im Blickpunkt der Weltöffentlichkeit steht er bei den Paralympics in Sydney 2000, als sein Begleiter bei seinem hohen Tempo nicht mehr mithalten kann. Henry zieht ihn quasi über die Ziellinie und holt trotzdem Gold. Danach nimmt er an den Spielen von Athen, Peking und London teil. Drei Gold- und eine Bronzemedaille sind seine Ausbeute.

Der Höhepunkt, an dem unsere drei Porträts und Lebensgeschichten schließlich zusammengeführt werden und der Film endet, sind die Paralympischen Sommerspiele 2012, bei denen mit 4452 Sportlern aus 164 Nationen die bislang größte Athletenanzahl bei den Paralympics antritt.

»Gold« erzählt nicht nur unsere außergewöhnlichen Lebens- und Erfolgsgeschichten als Sportler. »Er vermittelt«, sagt Produzent Andreas F. Schneider, »gleichfalls eine starke Botschaft: Dass nämlich in jedem von uns die Fähigkeit steckt, über sich selbst hinauszuwachsen. Man muss nur fest an sich glauben.«

Inklusion – spätestens seit 2012 ist dieser Begriff in den Medien allerorten zu finden – ist zu einem Kernthema gesellschaftlicher Auseinandersetzung geworden. Sie nahm ihren Anfang in der UN-Konvention über die Rechte von Menschen mit Behinderung von 2008 und wurde zu einem Postulat für das Umdenken und den tief greifenden gesellschaftlichen Wandel. Doch bis es tatsächlich so weit war, dass Inklusion selbstverständlich ist, musste viel geschehen. Die Geschichten in »Gold – Du kannst mehr als Du denkst« sind ein Teil dieser Entwicklung.

Sport und Bewegung helfen dabei, Inklusion im Alltag umzusetzen. Sie fördern nicht nur die Mobilität, sie unterstützen auch soziale Kontakte und das Selbstbewusstsein der Betroffenen. Dr. Joachim Breuer, Hauptgeschäftsführer der DGUV, sagt dazu: »Mit Hilfe der emotionalen und beeindruckenden Bilder des Films möchten wir auf die Relevanz des Sports für die Rehabilitation hinweisen. So machen wir auch auf die erfolgreiche berufliche und soziale Wiedereingliederung von Menschen, die einen Unfall hatten, aufmerksam.«

»Gold« kommt am 28. Februar 2013 in die Kinos. Alle Beteiligten treffen sich im Lufthansa-Hangar sechs in Hamburg. Wir posieren auf dem roten Teppich und stellen uns den vielen Fragen aus Presse, Funk und Fernsehen. Außerdem gibt es zahlreiche prominente Ehrengäste wie Wladimir und Vitali Klitschko, Bundesinnenminister Dr. Hans-Peter Friedrich und Willi Lemke, UN-Sonderbeauftragter für Sport im Dienst von Entwicklung und Frieden, Hamburgs Ersten Bürgermeister Olaf Scholz, Turnlegende Eberhard Gienger und Tagesthemen-Moderator Tom Buhrow. Nach dem Film gibt es von den eintausenddreihundert Gästen großen Jubel, gar Begeisterung. Für das Filmteam, für die Macher – und besonders für Kurt, Henry mit seinem Begleitläufer Joseph Kibunja und mich.

Sich selbst und seine Geschichte auf einer großen Leinwand zu sehen, ist faszinierend und verstörend zugleich. Ich blicke mir in die Augen, sehe mir selbst zu, und gewinne eine Distanz, die sich durch die aufsteigenden Emotionen

sofort wieder verflüchtigt. Ein seltsames Gefühl, das ich
bisher nur von den Urlaubsvideos meiner Familie kenne.
Im Film bin ich Repräsentantin einer Menschengruppe, die
mit dem eigenen Schicksal umgehen muss, und das tagtäg-
lich. Wie sehr dieses Schicksal jedoch den eigenen Alltag
bestimmt, obliegt jedem selbst. Für mich steht zweifelsfrei
fest: Henry, Kurt und ich sind an unserem Schicksal nicht
zerbrochen, sondern haben unsere Kräfte mobilisiert und
diese in Stärke verwandelt. Wir sind viel stärker als jemals
zuvor, auch wenn auf dem Weg dorthin so viele Tränen
geflossen sind. Meine hätten ein ganzes Schwimmbecken
füllen können.

»Bei ›Gold‹ geht es nicht um die Goldmedaille, sondern
um das Gold, das letztlich in jedem von uns steckt«, fasst
Gregor Doepke zusammen.

»Der Film ist die Aufforderung«, sagt der Produzent
Hendrik Flügge, »sich etwas zuzutrauen und sich über vermeintliche Grenzen hinwegzusetzen.«

Ein Reh im Regal –
Die Bambi-Verleihung

Am 2. November 2012 erreicht mich ein Anruf auf meinem Mobil-Telefon. Gerade komme ich vom Einkauf zurück nach Hause und stelle die Tüten ab. Am anderen Ende der Leitung meldet sich *Bunte*-Redakteur Manfred Otzelberger: »Frau Bruhn, ich habe da eine ganz tolle Überraschung für Sie!«, ruft er mir entgegen. »Wir möchten Ihnen den Bambi verleihen! Ich habe Sie vorgeschlagen, und der Vorschlag ist einstimmig angenommen worden.« Der Burda-Verlag schätze meine sportlichen Leistungen, mein ehrenamtliches Engagement und meine Bemühungen, Menschen mit Handicap in ihrer Rehabilitation zu unterstützen, sie zu begleiten und ihnen eine Perspektive aufzuzeigen, und wolle mir deshalb eine Auszeichnung verleihen.

Als ich damals meinen Unfall hatte, haben mir die Menschen gefehlt, die mich in beruflichen und auch in sportlichen Fragen hätten begleiten können, die mir Tipps und Hilfestellungen hätten geben können. Deswegen ist es mir heute ein Bedürfnis und ein Anliegen, denen zu helfen, die heute in einer ähnlichen Situation sind, und ihnen Wege aufzuzeigen.

Herr Otzelberger will sich später noch mal melden und beendet das Gespräch. Ich bin baff. Unwillkürlich schaue ich mich um und suche die versteckten Kameras, die mein verdutztes Gesicht aufzeichnen. Fehlanzeige, alles echt. Zum Glück bleiben mir rund zwei Stunden, um mich zu sammeln und mich mit dem Gedanken anzufreunden. Die Bedeutung des Bambi ist mir nicht von Anfang an klar. Natürlich weiß ich, dass das ein öffentlichkeitswirksamer deutscher Medienpreis ist, bei dem auch gerne mal ein paar Hollywood-Stars oder Schauspieler anderer Nationen vorbeischauen. Nach einem sehr netten Gespräch mit der verantwortlichen Agentur aber wird kurz darauf deutlich: Den Preis erhalten Menschen mit Visionen, die besondere Leistungen und Erfolge vorzuweisen haben. Und die meinen das ernst!

Ich erhalte eine schriftliche Einladung, der die Historie des Bambi beiliegt. Nun dämmert's: Ich brauche dringend ein neues Kleid! Zwischen den Sternchen aus Film, Funk und Fernsehen will ich gut aussehen und mich auf keinen Fall blamieren. Schließlich soll es nach Ende der Veranstaltung nicht heißen, die Leute mit Behinderung seien nicht so recht präsentabel.

Meine Gedanken gehen auf Wanderschaft: Wie, wann und wo kann ich mir schnell ein passendes Kleid kaufen? Wer kann mir bei der Auswahl helfen? Obwohl die großen sportlichen Wettkämpfe des Jahres bereits absolviert sind, ist mein Terminkalender noch randvoll. Langeweile kenne ich sowieso nicht. Außerdem bin ich mit meinem Freund Phillip, der inzwischen Trainer der deutschen Behinderten-Nationalmannschaft ist, noch auf Wohnungssuche in Berlin. Die Stadt ist mir – vor allem mit Blick auf mein beschauliches, ruhiges, idyllisches Wasbek, das ich 2013 nur schweren Herzens verlassen habe – zwar noch immer viel zu trubelig und laut, aber solange ich Phillip an meiner Seite habe, kann ich mich auch von meinem geliebten Schleswig-Holstein lösen. Um eine neue Wohnung zu finden, machen wir mit bei der Vox-Doku-Soap »Mieten, Kaufen, Wohnen«. Das bedeutet eine Handvoll Drehtage. Ich habe schlichtweg kaum Zeit, mehrere Läden mit Galamode aufzusuchen, Kleider in allen Farben anzuprobieren, über passende Accessoires und Schuhe nachzudenken und damit stundenlang unterwegs zu sein.

Nach einem Fachvortrag in Hamburg nutze ich die Gelegenheit und suche ein renommiertes Modehaus auf. Es geht erstaunlich schnell. Kleid Nummer zwei gefällt mir auf Anhieb. Ich streife es mir fix über, Hose und Stiefel lasse ich an. Time is money.

Die Verkäuferin bietet mir sogleich ihre Hilfe an. »Ziehen Sie doch Ihre Hose und die Stiefel aus«, rät sie mir mit skeptischem Blick, »damit wir die Länge des Kleides genau anpassen können.«

Sie hat recht. Zwar kann ich meine Füße nicht bewegen, will aber nicht über den Saum stolpern, wenn ich an den Krücken gehe. Freilich werde ich keine High Heels tragen, sondern, wie üblich, ein paar Stiefel mit dezenten Absätzen, in denen ich meine Schienen verbergen kann.

Ich pule mich also aus meinen Sachen und den Schuhen und erhebe mich. Das Kleid passt gut und muss nur anderthalb Zentimeter gekürzt werden. Natürlich drängt die Zeit. Bis zur Bambi-Verleihung in Düsseldorf sind es nur noch zwei Tage. Die Schneiderin des Modehauses wird jedoch eigens abkommandiert, und sie erledigt das Prozedere in zwei Stunden. Perfekt.

Ich nutze den kurzen Aufenthalt, um in der Mönckebergstraße schnell noch ein paar passende Ohrringe zu besorgen und einen Termin für Make-up und Hairstyling zu vereinbaren. Also rufe ich bei meinem Friseur in Neumünster an. Da gehe ich schon seit vielen Jahren hin und habe den Salon immer zufrieden verlassen. Nun feiert Kai Mohr fünfundzwanzigjähriges Jubiläum und darf meine Bambi-Friseur kreieren und mich stylen. Wenn das kein ungewöhnliches Marketing ist!

Mir wird schnell bewusst, dass ich auf keinen Fall so eine typisch biedere Hochsteck-Ball-Frisur haben möchte. Zu meinem neuen Kleid gehört etwas Sportliches, Rockiges, eben nicht etwas Elegantes, Liebes. Stylish soll es sein!

Ich bekomme einen Morgentermin am Tag der Bambi-Verleihung. Eigentlich so gar nicht meine Zeit; ich bin eine absolute Langschläferin. Aber für den Bambi tut man wohl so ziemlich alles. Die Friseure flechten das hintere Haar vom Nacken hoch, damit mein »schlanker Kopf« und die Strähnen besser zur Geltung kämen. Mit dem Ergebnis fühle ich mich zunächst etwas aufgetakelt. Meine schicke Frisur passt so gar nicht zu meiner Alltagskleidung. Nach dem Salonbesuch fahre ich zum Hamburger Hauptbahnhof. Dort sammle ich Phillip ein, und wir fahren weiter zum Flughafen. Gemeinsam fliegen wir nach Düsseldorf, im Gegensatz zu sonst allerdings in der Business-Class. Während des siebzigminütigen Fluges werden wir so hofiert, wie wir es sonst nicht kennen. Aber nach Trinken und Essen ist mir absolut nicht zumute. Ich bin viel zu aufgeregt.

In Düsseldorf wird Phillip und mir schnell klar, dass das hier keine Provinzveranstaltung ist. Am Flughafen sammelt uns ein Shuttle ein und bringt uns ins Steigenberger Hotel. Das Zimmer ist total beeindruckend. Uns erwartet ein Meer von Sponsorengeschenken und ich denke, das ist doch wie Weihnachten, Ostern und Geburtstag für die nächsten zehn Jahre zusammen! Es gibt Parfüm, Schmuck, eine Tagesdecke, eine Mütze und eine Sonnenbrille, ein T-Shirt und ein Tuch, Make-up und eine Fellmütze, Schokolade – und einen hammergeilen Trolley, in dem ich alles verstauen und mit nach Hause nehmen kann. Mir laufen wieder mal die Tränen. Die Erinnerungen von vor einundzwanzig Jahren kommen hoch. Phillip tröstet mich. »Diese Auszeichnung ist eine Belohnung für deine großen Leistungen«, sagt er.

»Ich weiß«, schluchze ich, »aber solche Momente machen mich immer so sentimental. Einerseits bin ich sehr dankbar, andererseits wird mir bewusst, was ich selbst geleistet habe. Und schon fange ich an zu heulen.«

Ich muss mich sammeln. Schließlich muss ich gleich zum Hairstyling und Make-up. Hinter den Kulissen treffe ich viele Prominente – das Wort finde ich furchtbar – hautnah, die sich für den Abend präparieren lassen. Dazu zählen unter anderem das Model Sara Nuru, die Darsteller aus der Fernsehserie »Türkisch für Anfänger«, Mercan Türkoğlu aus dem Kinofilm »Dreiviertelmond« – eben viele Menschen, die man sonst nur aus der Yellow Press, dem Kino oder Fernsehen kennt, wo alle definitiv anders aussehen. Manche sind dünner, andere dicker, größer, kleiner, runzliger oder hübscher, sie sprechen anders oder sind möglicherweise gar sympathischer als auf der Mattscheibe. Ich sammle die ganzen Eindrücke und mache mir mein eigenes Bild.

Der Visagist fragt mich, wie ich gern mein Make-up hätte. Ich möchte die Augen etwas betonen, obwohl ich mich sonst eher selten schminke. Sich anzumalen, ist in meinem Sport eher unpraktisch und unpassend. Man sieht immer wie ein Zombi aus, wenn man zu viel Mascara aufgelegt hat und nach dem Training aus dem Wasser kommt. Ich halte mein Gesicht eher natürlich und bin deshalb doch eher unerfahren, was professionelles Make-up betrifft.

Für die Bambi-Verleihung habe ich mich für Smokey Eyes entschieden – im eleganten Stil. Bei jedem Pinselstrich frage ich mich, was der Visagist mir jetzt noch aufs Gesicht klatscht, damit ich einigermaßen präsentabel aussehe. Ich werde irgendwie immer kleiner. Mein Selbstbewusstsein schrumpft. Was will ich kleines Licht aus dem hohen Norden eigentlich zwischen all den Leuten, die mehr Schein als Sein verkörpern? Wenn man es von außen betrachtet, ist das Showbiz etwas ganz anders, als wenn man plötzlich mittendrin steckt und keine Distanz mehr wahren kann. Jetzt aber geht es darum: Augen zu und durch. Am Ende bin ich ganz zufrieden, auch wenn ich nicht mit einer Barbara Becker oder einer Sara Nuru mithalten kann. Die hat eine Haut wie eine Porzellanpuppe, ist bildhübsch, dazu noch supersympathisch. Sie strahlt, ist fröhlich – dagegen bin ich ein dunkler Schatten!

Ich lasse mich zurück ins Hotel bringen. Der Moment der Festveranstaltung rückt immer näher. Die Anspannung steigt. Und die Angst, dass ich neben all den anderen Frauen nicht bestehen kann. Phillip merkt, dass mein Wohlfühlfaktor sinkt. Er macht sich fast unsichtbar, nervt nicht mit Fragen, aber wenn ich ihn brauche, ist er zur Stelle. Ich bin ihm dankbar dafür.

Unentwegt überlege ich, ob es mit oder ohne Rolli zur Veranstaltung gehen soll. Ich bin viel zu aufgeregt, um ihn tatsächlich im Hotelzimmer zu lassen und stattdessen die Unterarmgehstützen mitzunehmen. Wie blamabel wäre es, nachher auf dem roten Teppich oder auf der Bühne zu stürzen! Zum ersten Mal siegt die Vernunft gegen die Optik. Abendkleid und Rolli – das habe ich noch nie gemacht. Ob beim Ball des Sports, bei den Laureus World Sports Awards oder all den anderen Gala-Veranstaltungen, die ich in den letzten Jahren erlebt habe, immer habe ich meine Abendkleider im Stehen und Gehen präsentiert. Es war mir ein inneres Bedürfnis, und ich habe mich sehr wohl damit gefühlt. Aber beim Bambi? Lieber nicht. Das machen weder meine Nerven noch meine Beine und meine Schulter mit. Ich setze mich also in den Rolli.

In der Hotellobby nimmt uns der Shuttledienst in Empfang. Draußen herrscht schon Blitzlichtgewitter. Fans kreischen. Was geht denn hier ab? Sylvie van der Vaart steigt gerade ins Fahrzeug. Aber der Lärm ebbt nicht ab, egal, welche Person aus Funk oder Fernsehen, Film- oder Musikbranche abgeholt wird. Auch die Beachvolleyballer Julius Brink und Jonas Reckermann, die mit mir zusammen in der Kategorie Sport nominiert sind, können dem Lärmpegel nicht entfliehen. Weil ich mit dem Lift zum Empfang fahre und etwas abseits vom Trubel bin, nehme ich an, nicht so sehr im Rampenlicht zu stehen. Aber Pustekuchen: Es blitzt, kreischt und lärmt unablässig vor sich hin. Während der Fahrt in die Düsseldorfer Stadthalle fahre ich gefühlsmäßig wieder einmal Achterbahn. Zwischen Begeisterung und Fluchtgedanken fühle ich mich hin- und hergerissen.

An der Halle geht die Tür des Shuttles auf. Ich sitze vorne, weil es mit meinem Kleid einfach besser passt. Phillip holt den Rollstuhl aus dem Kofferraum, und dann ist es nur noch laut. Ich denke, die Schüler und Studenten sind aber richtig gut bezahlt worden. Warten Stunden in der Kälte und lauern auf Promis, um Autogramme oder vielleicht ein Foto mit dem Idol zu erhaschen.

Jetzt sind wir auf einem roten Teppich. Aber das ist noch nicht der richtige Teppich in Rot, sondern nur der Weg zur Garderobe. Erst nach dem Etagenwechsel komme ich in den Bereich des echten. Der ist gigantisch lang, länger als eine 50-Meter-Bahn. Fotografen, Presse, Kameras über Kameras. Blitz, blitz, blitz. Am Ende des Teppichs bist du blind, denke ich. Also halte ich einen Höflichkeitsabstand zu den Sternchen. Wer will mich schon haben? Aber auch Phillip und ich müssen alle vier Meter stoppen. Wir werden fotografiert und befragt, nicht weniger als andere auch. Es schmeichelt mir, nicht nur der Joker oder der Quoten-Inklusions-Faktor der Veranstaltung zu sein.

Noch eine halbe Stunde, dann soll es losgehen. Das Who is Who kommt im Vorraum zusammen, wo am Abend auch die After-Show-Party steigen soll. Es ist nicht besonders hell hier, aber die Bilder der Filmlegenden an der Wand entgehen mir nicht: Hugh Grant, Julia Roberts, Harrison Ford, daneben Mario Adorf, Iris Berben, Boris Becker. Inmitten der Ahnengalerie reicht man uns einen Aperitif und ein paar kleine Häppchen, die mir eigentlich so gar nicht schmecken. Endlich dürfen wir in den Saal. Wir nehmen ganz vorn an der Bühne Platz. Phillip sitzt neben der Moderatorin Nazan Eckes, ich neben Matthias Opdenhövel. Matthias, der als mein Laudator vorgesehen ist, geht gleich so vertraut mit mir um, dass sämtliche Nervosität verfliegt. An unserem Tisch sitzen noch Boxer Henry Maske und Ehefrau Manuela sowie Julius Brink mit Freundin Verena. Jonas Reckermann ist allein da, weil seine Frau Katja ein paar Tage zuvor ihr erstes Kind entbunden hat.

Neben uns an den anderen Tischen sitzen Peter Maffay, Ursula Karven, Barbara Auer, Blacky Fuchsberger mit Frau, Franziska van Almsick, Modell Franziska Knuppe, Comedian Oliver Pocher und dessen Frau – ich kann sie gar nicht alle aufzählen. Fakt ist: Es sind Menschen bei der

Veranstaltung, die ich als Sportlerin sonst niemals treffen würde. Die Eindrücke sind sehr real und mächtig.

Die Show wird von Céline Dion eröffnet. Eine tolle Künstlerin, ein brillanter Beginn. Kai Pflaumes Moderation ist überaus gelungen. Aber der Mann ist sehr viel schlanker, als er am Bildschirm rüberkommt. Ein kleiner Schock. Selbst die gern als »Vollweib« bezeichnete Schauspielerin Christine Neubauer sieht bei Weitem nicht wie in ihren Filmen aus. Wenn Fernsehen fünf Kilo aufträgt, dann habe ich mal locker fünfundsechzig Kilo drauf, schießt es mir durch den Kopf. Dabei fühle ich mich eh nicht schlank. Ich werde immer unsicherer. Doch der Abend nimmt seinen Lauf.

Matthias Opdenhövel betritt die Bühne und stellt die beiden Beachvolleyballer und mich vor. Julius und Jonas stehen schon oben, als ich von hinten über eine Rampe zu ihnen komme. Als ich mich in Richtung Publikum drehe, blenden mich die Scheinwerfer so, dass ich niemanden im Parkett erkennen kann. Natürlich habe ich auch eine kleine Dankesrede vorbereitet, die ich auswendig kann. Trotzdem läuft sie über den Teleprompter, daneben eine kleine Signallampe, die aufgeregt blinkt, als sich mein kurzes Zeitfenster dem Ende zuneigt. Absolut unwirksam gegen die Aufregung, plötzlich auf einer Bühne zu stehen, auf die eigentlich diejenigen gehören, die unten im Publikum sitzen und die nun zu mir nach oben schauen. Aber sie klatschen. Verkehrte Welt.

Auf der After-Show-Party kommt Barbara Becker auf mich zu, umarmt mich und flüstert mir ins Ohr: »Du bist so toll, ich bin echt begeistert, du bist ein Vorbild.« Barbara gesteht mir, dass sie mich bereits am Flughafen gesehen, sich aber nicht getraut habe, mich anzusprechen. Mir erging es genauso. Wir hatten uns nur angelächelt, denn ich war der Meinung, solche Leute sind froh, wenn sie einmal nicht angesprochen oder gar von den Fans angeschrien werden. Und nun stellt sich heraus, Barbara ist eine ganze normale Frau, auch ohne viel Make-up.

Sylvie van der Vaart hingegen ist genau das Gegenteil. Wenn die Frau des HSV-Fußballers eine Kamera sieht oder ein Blitzlicht wittert, ist sie automatisiert. Sie friert ein und macht in ihrem – zugegeben – schönen Kleid auf Cinderella. Sylvies Unnatürlichkeit hat Phillip und mich sehr geschockt.

Die Schauspieler-Bande von »Türkisch für Anfänger« ist eine total offene und natürliche Truppe, die sich über den Bambi richtig freut und respektvoll miteinander umgeht. So stelle ich mir das vor, wenn man zusammen arbeitet und viel Zeit miteinander verbringt. Mit Spaß, Stolz und Disziplin Erfolg zu haben, ist durchaus möglich.

Während der Party lassen es sich die Gäste richtig gut gehen. Da ich sonst keinen Alkohol trinke, nippe ich nur höflich an meinem Champagnerglas. Die Menschenmassen und die Enge haben mich jedoch bisher nicht dazu ermutigt, mich im Rollstuhl zwischen Tanzfläche und Lounge hin- und herzubewegen. Phillip und ich probieren neugierig ein paar alkoholfreie exotische Cocktails. Gurke oder Rosmarin habe ich bisher noch nie in meinen Getränken gefunden, aber auch solche Kombinationen gehören zu den interessanten Neuheiten an diesem Abend, der für uns entgegen des eigentlichen Plans erst früh am Morgen gegen 6 Uhr endet. Erlebnisse pur für Brunhilde aus Schleswig-Holstein.

Den Bambi stelle ich nach meiner Rückkehr ins Regal, auf Augenhöhe. Wenn ich an dem neunundzwanzig Zentimeter hohen und zweieinhalb Kilo schweren, mit einem Kristallsockel von Chopard versehenen Reh vorbeigehe, kann ich es kaum glauben, eine solche öffentliche Anerkennung meiner Leistungen erhalten zu haben. Die Welt sieht mich, und ich muss mich nicht verstecken für das, was ich bin. Bambi meets Kirsten, die Schwimmerin, den Menschen. Und manchmal scheint die Sonne drauf, und er glänzt.

Die Bedeutung der Rehabilitation

Rehabilitation ist eine der zentralen Aufgaben der gesetzlichen Unfallversicherung. Ziel ist es, ihre Versicherten, die durch einen Unfall verletzt oder durch eine Krankheit beeinträchtigt wurden, wieder zurück in die Gesellschaft und wenn möglich in den Arbeitsprozess zu bringen. Rehabilitation ist eine anspruchsvolle und vielschichtige Aufgabe, sie umfasst die medizinische Behandlung, die körperliche Regeneration und gegebenenfalls die Unterstützung bei einer beruflichen Neuorientierung und sozialen Teilhabe. Sport ist da ein ideales Medium, denn Bewegung ist für jede Rehabilitation von zentraler Bedeutung. Sport mobilisiert und motiviert. Die paralympischen Sportler und Sportlerinnen sind herausragende Beispiele dafür. Sie können mit ihren Lebensgeschichten anderen Menschen Mut machen.

Deshalb gehöre ich der Gruppe paralympischer Sportler an, die von 2004 bis 2010 als Vorbilder und lebende Beispiele bei der BG-Kliniktour auftraten. Im Rhythmus von zwei Jahren wurden jährlich bis zu zwölf berufsgenossenschaftliche Kliniken in Deutschland Stationen dieser Tour. Auf ihren Informationsveranstaltungen stellen die Unfall- und BG-Kliniken, so also auch mein Arbeitgeber, das UKB, der Deutschen Gesetzlichen Unfallversicherung ihre Arbeit vor und weisen auf ihr ganzheitliches Behandlungskonzept hin.

Als ich 1991 von der Akutversorgung in der Uni-Klinik Kiel zur Reha ins Berufsgenossenschaftliche Unfallkrankenhaus Hamburg verlegt werde, sind Angst, Schmerzen, Ungewissheit und Veränderungen an mir und um mich herum alles, an das ich denken kann und was mich beschäftigt. Bis heute, rund fünfundzwanzig Jahre nach dem Unfall, weiß ich nicht, ob es gut ist, nicht zu wissen, was kommt.

Hilfe und Unterstützung ist das A und O in jedem Leben und Heranwachsen. Wenn man aber Schicksalsschläge in Form von Unfall, Krankheit und Behinderung erlebt hat, ist es noch wichtiger, kompetente und erfahrene Hilfe und Unterstützung zu erhalten. Genau darum bin ich heute so dankbar, an diesem Punkt ansetzen zu können. Ich tue dies in Form meiner beruflichen Tätigkeit als Botschafterin im Bereich Reha und Sport für das Unfallkrankenhaus Berlin, kurz: UKB, und damit einhergehend auch für die Deutsche Gesetzliche Unfallversicherung.

Denn kein Lehrmeister, egal, welcher Natur – ob es Eltern sind, Ärzte, Therapeuten, Pädagogen oder Ratgeber, so studiert, gelehrt, erfahren und weise sie auch sein mögen –, kann ohne eigene Erfahrung authentisch berichten und mitfühlen. Ein Vorbild zu sein heißt ja nichts anderes, als sich vorher gebildet zu haben, entstanden zu sein, also etwas erlebt zu haben. Genau das darf ich sein: Ein Vorbild für alle, die in ähnlichen Situationen sind und sich von mir und meiner Lebensgeschichte angesprochen, motiviert und inspiriert fühlen. Ihnen möchte ich Tipps geben, Wege und Optionen zeigen, eine Begleiterin und Unterstützerin sein. Kurz und gut jemand, der ihnen die Situation weniger schwer und ausweglos erscheinen lässt.

Gerade in der Reha ist man dankbar für Vorbilder. Ich hätte mir damals welche gewünscht, die in der Öffentlichkeit so offensiv und persönlich mit ihrer Behinderung umgehen wie ich heute. Die Netzwerke und die Aufmerksamkeit für das Thema »Menschen mit Behinderung« haben sich zum Glück weiterentwickelt. Auch wenn wir noch in der pubertären Phase dieser Entwicklung stecken und im sportlich-paralympischen Bereich noch viel mehr möglich ist, so ist es doch eine positive Entwicklung, und die muss stetig weiter vorangeführt werden. Das kann, darf und werde ich in Zukunft mit der Unterstützung und Hilfe meines Arbeitgebers und der DGUV tun.

Was ich nicht verstehe

Es gibt sie wirklich: Eine Liste der Dinge, die ich nicht mag. Man könnte auch sagen, eine Aufstellung der Dinge, die ich nicht wirklich nachvollziehen kann:

1. Warum fühlen sich Menschen, die mich zum ersten Mal treffen, unweigerlich dazu aufgefordert, mich zu fragen, was mit mir passiert ist und warum ich im Rollstuhl sitze? Es ist mir nach wie vor ein Rätsel, und es gibt Tage, an denen rege ich mich sehr darüber auf. Ich frage doch auch keinen älteren Herren, warum er ein Toupet trägt. Es gibt einfach gewisse Dinge, die sollten dem Taktgefühl folgen, und das gehört zur guten Erziehung dazu. Warum entgleisen Fragen und Verhaltensweisen immer bei Menschen mit Behinderung, besonders bei Rollstuhlfahrern? Biete ich an, mir Fragen zu meiner besonderen Situation zu stellen, dann ist das natürlich okay, und ich beantworte sie gern. Auch wenn man sich länger unterhalten hat oder sich schon eine Weile kennt, muss ich mit diesen Fragen rechnen. Aber im normalen Leben, an der roten Ampel oder in der Schlange beim Supermarkt? Ich möchte nicht immer angequatscht werden. Und Mitleid brauche ich auch keines.

2. Warum stellen Journalisten mir immer dieselben Fragen? Im Zeitalter von Social-Media gibt es Homepages, Facebook und vieles mehr; da steht alles drin, und Vergangenes ändert sich doch auch nicht. Da hat mich allen Ernstes einmal ein Journalist gefragt, ob mein Geburtsort noch immer Eutin in Schleswig-Holstein sei. Ja, verändert sich denn ein Geburtsort?

3. Warum gibt es keine Auflagen dafür, dass jede Gastronomie auch barrierefreie Sanitäranlagen bereitstellen

muss? Warum werden die wenigen Rollstuhl-Toiletten, die es gibt, oftmals als Abstellkammer, Garderobe oder Aufenthaltsraum benutzt? Warum lassen sich Rolli-Toiletten oft von innen nicht verriegeln? Besitzen Menschen mit Behinderung etwa nicht die Fähigkeit, Türen abzuschließen, oder sind sie alle exhibitionistisch veranlagt? Warum gibt es oft keine Spiegel in diesen Räumen? Haben sie nicht das Recht, sich anzusehen? Und warum ist die Technik für die Spülung oder die Verstellbarkeit der Toilettensitzhöhe eigentlich immer defekt?

4. Warum hat man das Gefühl, dass Barrierefreiheit für Menschen mit Behinderung etwas schier Unmögliches in unserer so technisierten und modernen Welt ist? Gibt es nicht schon seit mehr als fünf Jahren Leute im Rollstuhl? Warum wird ihnen zusätzlich das Leben schwergemacht? Warum holt man sich bei Alltagsproblemen Rat von fachmännischer Seite, während man für den Ausbau der Barrierefreiheit keine kompetente Hilfe anfordert? Gibt es nicht genug Leute, die genau wissen, was fehlt? Warum fragt keiner Menschen mit Handicap, Senioren, junge Mütter und Väter mit Kinderwagen, die eben genau auf diese Barrierefreiheit angewiesen sind?

5. Warum müssen wir Begrifflichkeiten wie die Inklusion per Gesetz festhalten? Damit wir verstehen, dass wir alle unterschiedlich sind, somit auch unterschiedliche Rahmenbedingungen benötigen und dennoch eine Gesellschaft sind?

6. Warum werden viele hektisch und unruhig, wenn ich mit dem Rolli ankomme? Man sieht förmlich die Gedanken schwirren: Braucht sie Hilfe? Was muss ich tun? Soll ich lieber woanders hinschauen? Kann ich mich ganz normal mit ihr unterhalten? Ich bitte darum: Agiert einfach ganz normal, so wie bei jedem anderen auch. Beim

Gespräch nicht niederknien, womöglich noch mit der Anzughose auf dem nassen Teer, als würdet ihr mit einem Kleinkind sprechen. Wenn ein Stuhl in der Nähe ist, setzt euch gerne hin. Ist ja auch für euch bequem, sollte die Unterhaltung länger dauern. Ansonsten bitte normal stehen bleiben und einfach reden. Wenn ich Hilfe benötige, gebe ich Bescheid.

8. Warum müssen Rollstuhlfahrer im Flugzeug am Fenster sitzen? Die gängige Begründung ist, dass im Falle einer Panik oder Notlage Rollstuhlfahrer ein Hindernis seien. Grundsätzlich kann ich damit leben. Wenn ich dann aber sehe, dass ein Hundertfünfzig-Kilo-Mensch auf einem Gangplatz sitzt, mache ich mir wegen genau dieser Begründung so meine Gedanken und wage zu hinterfragen, ob das alles noch Sinn ergibt? Warum werde ich vom Bodenpersonal auf einen Fensterplatz gebucht und vom Bordpersonal spontan wieder umgesetzt? Weiß denn hier der eine von der Regel des anderen nichts? Warum muss ich mich beim Einchecken vor dem Flug jedes Mal neu erklären und rechtfertigen, warum ich gewisse Dinge nicht kann und warum ich gewisse Dinge, trotz Rollstuhl, doch noch hinbekomme? Warum kann man hier nicht die Daten der Fluggäste – so sie einverstanden sind – vermerken und speichern? Warum kann man einer Person, die im privaten Rollstuhl am Gate erscheint, nicht eben diesen privaten Rollstuhl auch am Ankunftsgate wieder unbeschadet zurückgeben? Sie ist ja nicht aus Spaß in diesem Rollstuhl angekommen ist, sondern sie benötigt ihn schlichtweg.

9. Warum parken auf den Parkplätzen mit dem Rollstuhlsymbol oftmals Autos ohne Parkausweis? Sogar viele, die ein Handicap haben, wissen nicht, dass man hierfür einen entsprechenden Europäischen Parkausweis benötigt, den man beim Amt für Soziale Dienste oder beim

Rathaus beantragen muss. Ein Behindertenausweis allein reicht hier nicht aus. Von den gesunden Menschen, die die extra ausgewiesenen und an die Bedürfnisse von Behinderten angepassten Parkplätze mit ihren Autos zustellen, nur um ja keinen Schritt zu weit gehen zu müssen, möchte ich gar nicht erst anfangen. Auf andere Rücksicht zu nehmen, haben inzwischen viele vergessen.

10. Und bitte, warum hat ein Adventskalender vierundzwanzig Fenster, wenn doch der erste Advent schon im November liegt? Da kann man ja gar kein Fenster aufmachen, obwohl man sich schon offiziell in der Weihnachtsvorbereitung befindet. Das war mir als Kind schon unbegreiflich. Mit vier Geschwistern war die – freilich unbegründete – Panik groß, nicht genug zu naschen abzubekommen, und umso unlogischer und unfairer fand ich die wenigen Möglichkeiten. Das verstehe ich bis heute nicht.

Dank an meine Eltern

Das eigene Leben auf wenigen Seiten zu fassen, dem Geschriebenen Lebendigkeit einzuhauchen, allen Situationen und Personen gerecht zu werden, ist alles andere als mal eben so getan. Das habe ich während der Arbeit an diesem Buch gelernt. Meine gesamte Familie hat mir dabei geholfen, in den Erinnerungsschichten zu graben und einiges zutage zu fördern, das längst vergessen schien. Noch einmal in die Vergangenheit hineinzusteigen, Situationen heraufzubeschwören, die mit Schmerzen, Kummer und Leid zu tun haben, aber auch jene, die Miteinander, Erfolg, Anerkennung und Freude bedeuten, war ein anstrengendes Unterfangen. Doch ebenso, wie mir die Erinnerungen wiederholt Tränen in die Augen getrieben haben, konnten sie mir immer wieder ein Lächeln ins Gesicht zaubern. Und manchmal habe ich schallend gelacht.

Die Zeit vergeht. Wir alle unterliegen dem Wandel.

Viele Menschen säumen meinen Weg. Manche haben mein Leben bereichert, andere liefen eine Zeit lang nebenher, viele habe ich bereits vergessen, auf einige hätte ich getrost verzichten können. Aber alle haben irgendwie meine Bahn mitgelenkt. Durch ihre Einflüsse habe ich mir Meinungen gebildet und Gedanken entwickelt, Gefühle und Emotionen ganz unterschiedlicher Couleur kennengelernt, habe letztlich zu mir selbst gefunden. Dafür bin ich dankbar.

Hätte ich Hauke nicht getroffen, hätte ich mich nicht in ihn verliebt, dann wären wir nicht nach Kos geflogen und hätten nicht den Unfall gehabt. Hätten mein Transport und die Behandlung reibungslos geklappt, wäre ich vielleicht nicht gelähmt. Hätte ich nach der Diagnose tatsächlich aufgegeben, hätte ich nicht das Schwimmen neu für mich entdeckt. Wäre das Leistungsschwimmen nicht gewesen, hätte ich nicht so erfolgreich sein können. Hätte ich nicht bemerkt, dass ich auch ohne das Vermögen, meine Beine zu bewegen und selbstständig zu gehen, glücklich sein kann, wäre ich nie an den Punkt gekommen, an dem ich heute bin: Ich bin ich. Und mein ganz persönlicher Weg ist etwas ganz Besonderes.

Ohne meine Eltern gäbe es mich nicht. Sie haben mich auf die Welt gebracht und mich stetig geformt. Wenn es den Begriff VIP, die Very Important Person, den ganz, ganz wichtigen Menschen überhaupt gibt, so gibt es für mich nur zwei VIPs auf dieser Welt: Das sind meine Mama und mein Papa.

Sie waren und sind immer meine Förderer, Freunde, Kritiker, Unterstützer und Begleiter. Egal, wie alt ich war – meine Eltern haben immer zu mir gestanden. Nicht immer habe ich das bemerkt und eingesehen. Das ist sicher dem jeweiligen Alter oder der Situation geschuldet. Als Teenager oder Mensch im Wachstums- und Reifeprozess hat man eben solch sture, bockige und auch dumme Phasen. So auch ich, und ich bin wahrlich nicht auf alles stolz in meinem Leben. Das umfasst sowohl Dinge, die ich gemacht habe, als auch Dinge, die ich eben nicht gemacht habe.

Rückblickend betrachtet kann ich sagen, dass meine Eltern mit der gesamten Erziehung, ihren Tipps, ihren Winks und auch Verboten, die ich weiß Gott gehasst habe, immer richtig gelegen haben.

Wenn ich da an die Zeit zurückdenke, in der alle Cowboystiefel, sogenannte Sanchos, trugen, dann wird mir klar, wie nervig ich teilweise gewesen sein muss. Natürlich wollte ich Sanchos! Genau wie alle anderen auch. Diese Cowboystiefel waren aber sehr teuer, und meine Eltern haben sich geweigert, so viel Geld für ein Paar Schuhe auszugeben. Ums Verrecken wollten sie das nicht! Also musste ich mir das Geld selber verdienen. Ohne Cowboystiefel ist man nicht cool, dachte ich. Es war also an der Zeit, sich einen Job zu suchen. Neben der Schule. Dabei durfte ich lernen, wie schwer es ist, Geld zu verdienen. So trug ich monatelang in unserem Wohngebiet Wurfzettel vom Supermarkt aus. Eine schleppende, anstrengende und, weil ich bei jeder Witterung mit dem Fahrrad unterwegs war, eine sehr nasse und kalte Angelegenheit. Der Effekt, den ich fühlte, als ich endlich meine Sanchos an den Füßen trug, war nicht nur bahnbrechend, sondern sehr nachhaltig: Ziele sind schwerer zu erreichen, wenn man selbst dafür arbeitet. Und man muss Dinge wertschätzen und pflegen.

Nur eine Lehre von den vielen, die ich durch meine Eltern und mein Zuhause erfuhr. Lehren, Erfahrungen und Erlebnisse, die ich heute nicht missen möchte und wohl deshalb nie vergessen werde. Meine Eltern haben mich zu der Person gemacht, die ich heute bin, und mir durch manche schwere und schmerzhafte Zeit geholfen, die ich in meinem Leben hatte und sicher auch noch in Zukunft haben werde.

Einen größeren Schatz als meine Eltern, mein Zuhause, meine Geschwister mit den angeheirateten Partnern und den Nichten und Neffen kann ich mir nicht vorstellen. Ich fühle mich reich beschenkt. Dafür bin ich von Herzen dankbar.

Danke, Mama und Papa. Ich liebe euch sehr!

Das letzte Wort

von Sandra Saenger

Der 1. August 1994 ist nicht nur wegen meines Ausbildungsbeginns ein wichtiger Tag in meinem Leben, sondern auch, weil ich Kirsten Bruhn kennenlerne. Es ist eine Begegnung, die zum damaligen Zeitpunkt, ich muss es ehrlich zugeben, komisch für mich ist. Da steht man allein und verloren da und weiß nicht, wohin man soll, und da kommt eine junge Frau im Rollstuhl um die Ecke geschossen und bietet ihre Hilfe an. Ich bin sprachlos: So fröhlich ist sie trotz Rollstuhl. Wir lernen uns nach und nach besser kennen, wie sich Azubis eben kennenlernen. Sie ist ein Jahr weiter und gibt mir viele Tipps.

So richtig ernste, persönliche Gespräche sind jedoch noch nicht dabei. Trotzdem gehen wir in einer Mittagspause zusammen in die Stadt. Und weil der Sandweg durch starken Regen aufgeweicht ist, packe ich, ohne zu überlegen und weil ich helfen will, ihren Rollstuhl an und will schieben, damit sie sich nicht so furchtbar abmühen muss. Doch da habe ich was getan! Sie schimpft mit mir, ohne zu schimpfen, sagt mir unmissverständlich und mit direktem Blick, dass sie meine Hilfe nicht benötige. Nun weiß ich ein für alle Mal Bescheid.

Heute gehe ich mit Kirsten um wie mit jedem anderen Fußgänger auch. Mal halte ich ihr eine Tür auf, mal sie mir. Wie es sich eben ergibt und so wie ich es bei jedem Menschen, der keinen Unfall erlitten hat, ebenfalls mache. Zugegeben, beim Bummeln trage ich die achtundzwanzig Taschen und Beutel und rase manchmal neben ihrem

Rollstuhl her, weil sie so schnell ist, aber sonst ist alles wie mit anderen Freunden auch.

Kirsten ist nach außen ein offener und fröhlicher Mensch. Sie legt viel Wert auf ihr Äußeres. Und irgendwie ist sie doch nie zufrieden, geschweige denn so richtig glücklich.

Im Laufe der Jahre verstehen wir uns immer besser. Unglaublich, wie ähnlich und doch verschieden wir beide sind. Ein Blick genügt oft, und die andere weiß sofort, was Sache ist. Worin Kirsten und ich unschlagbar sind, ist das Lachen. Wäre das eine olympische Disziplin, wir bekämen auf jeden Fall Gold! Das ist so »unfucking fassbar«, und »Ick will never auf dem verzichten!«

Wenn ich an die Zeit zurückdenke, als Kirsten nicht mehr nur für die eigene Fitness schwimmt, und als sie dann angesprochen wird, ob sie sich nicht an Wettkämpfen versuchen möchte, oder als sie zur Kur nach Plau am See muss und das absolut nicht will, dort aber erneut ermutigt wird – letztlich wagt sie einen Versuch und räumt gleich fett ab.

Ich behaupte, Kirsten beginnt in dieser Zeit, wieder neu zu leben. Sensationell! Da ist ein Talent verborgen, und auf einmal wird es freigelassen und fegt alles weg. Was letztlich nach Athen folgt, ist mit Worten kaum zu beschreiben. Kirsten bekommt Aufmerksamkeit von allen Seiten, und man lernt sie nicht nur wegen ihrer sportlichen Erfolge schätzen, sondern vor allem wegen ihrer natürlichen, offenen und fröhlichen Art. Vor allem bleibt sie bei all dem Trubel ganz normal. Es ist der blanke Wahnsinn, was wir gemeinsam alles erleben.

Bei der ersten Wahl zur Sportlerin des Jahres in Düsseldorf sind wir beide so aufgeregt. Mitten in der Veranstaltung stellen wir panisch fest, dass wir am Tisch mit den wichtigsten Leuten sitzen. Natürlich steht der Tisch mittig im Saal. Wir halten uns an der Hand; manche denken sicher, wir seien ein Paar. Zum Brüllen, diese Situation. Aber wir wären sonst vom Stuhl gekippt.

Bei der Sportler-Gala in Frankfurt erleben wir ein Highlight nach dem anderen. Dass wir in diesem bunten Zirkus der High Society noch nicht ganz so erfahren sind, erkennt vermutlich jeder sofort. So checken wir im Hotel ein und wollen mit dem Fahrstuhl in den vierunddreißigsten Stock fahren. Der Fahrstuhl fährt rauf und runter, und wir wissen nicht, warum er nicht in unserer Etage hält. Der Ehemann einer bekannten deutschen Sportlerin ertappt uns leider – oder zum Glück – nach einer gewissen Zeit immer noch mit unseren Köfferchen vor dem Lift. Er kann sich das Lachen nicht verkneifen und gibt doch den entscheidenden Tipp: »Mädels, einfach die Zimmerkarte vor den Scanner halten und dann die Etage drücken.« Peinlich. Aber das Lachen können wir ihm nicht verübeln. Wir lachen ja auch heute selbst noch gern darüber.

Der Weg über den roten Teppich ist ebenfalls eine heikle Sache. Über unseren schicken Outfits tragen wir bei der Sportler-Gala Jacken, die so gar nicht zu dem tollen Zwirn passen. Aber gut, es nützt ja nichts, wir wollen schließlich nicht frieren – da muss eben der Parka über das Seidenkleid. Außerdem werde ich an dem Abend gefragt, als Kirsten gerade ein Interview gibt, ob das die Gercke sei. Gedankenpause. »Nö, die Bruhn!«, stottere ich und bringe mehr nicht heraus.

In Frankfurt gibt es für die Tombolapreise eine Plastiktüte – Promis verlassen den Ball mit einer Plastiktüte, köstliche Vorstellung –, in der man die Packung *Mon Chéri* verstauen kann, die man am Ausgang bekommt. So machen wir es natürlich auch und fahren zum Hotel zurück, sehr amüsiert über unser Erlebtes: Dicke Jacken über feinem Zwirn, die falsche Gercke und die Plastiktüte. Aber damit nicht genug des Spaßes. Wir stehen vor dem Lift, und der geht direkt vor unseren Nasen ziemlich schnell wieder zu. Kurzerhand stellt Kirsten ihre Unterarmgehstütze in die Tür und hofft, dass der Lift wieder aufgeht und wir einsteigen können. Tja, das wäre wohl bei jedem anderen passiert, aber nicht bei uns. Dann kommt noch ein leicht angetrunkener Herr in edlem Anzug mit seinem Präsentkorb von dem Ball um die Ecke, die Folie des Korbes schleift er achtlos hinter sich her. So stehen wir da, und die Tür rührt sich nicht. Ich habe Angst zu lachen, weil Kirsten sich ja nun gar nicht mehr bewegen kann. Die Situation ist urkomisch: Drei Hotelangestellte verschiedener Nationen bemühen sich wortreich, die Tür zu öffnen. Kirsten steht mit der Krücke in der Aufzugtür, ich mit verkniffenem und unterdrücktem Prusten daneben. Dazu der torkelnde Herr mit zerfleddertem Präsentkorb. Herrlich, als wir schließlich befreit werden und im Zimmer ankommen. Endlich lacht Kirsten wieder völlig hemmungslos. Für immer unvergessen.

Wir erleben im Laufe der Jahre viele tolle Sachen zusammen. Wann immer ich freinehmen kann, bin ich gern mit Kirsten unterwegs. Sie gewinnt mehr und mehr Spaß an den Promi-Events. Selbst ich stelle fest, dass man sich an so was echt ohne große Aufregung gewöhnen und es letztlich genießen kann. Mein Leben verändert sich zwar dadurch nicht wirklich, aber ich finde es immer toll. Kirsten freut sich vermutlich mehr darüber, dass ich begeisterter bin als sie selbst. Es ist ein Zeichen mehr, dass sie genau da hingehört, wo sie jetzt ist – und das ohne irgendwelche Manager oder überhöhten Forderungen.

Und ich komme während all der Touren ebenfalls zu dem einen oder anderen Titel: Mitarbeiterin, Pflegerin, Assistentin. Du liebe Zeit! Ich bin einfach nur die Freundin, die so oft nicht schnallt, welche Stellung und welches Ansehen Kirsten hat. Sie ist einfach immer meine Freundin geblieben. Ohne Staralüren. Ohne abzuheben. Manchmal wird mir plötzlich auf einem Event alles bewusst, wie zum Beispiel bei der Kinofilm-Premiere »Gold – Du kannst mehr als Du denkst« in Hamburg. Da läuft dann die Politik-Prominenz auf und ab, dazwischen die großen Klitschkos und eben diese eine, meine Freundin, die im Mittelpunkt steht.

2006 in Barcelona ging es mir ähnlich. Es ist eine riesige Ehre, als Athlet beim Laureus Sports Award nominiert zu sein. Wir fliegen First Class, und im Flieger wird Kirsten mit Namen angesprochen: »Welches Essen und welches Getränk wünschen Sie und Ihre Begleitung, Frau Bruhn?« Film-Schauspieler Kai Wiesinger kommt mit uns ins Gespräch, Ralf Bauer steht mit uns in der Schlange und Franjo Pooth schüttelt uns die Hand. Wir erhalten im Hotel jeder ein eigenes Zimmer und frühstücken am nächsten Morgen mit Spaniens König Juan Carlos und Boris Becker auf der Hotelterrasse. Später gehen wir an Morgan Freeman vorbei. Puh, ein US-amerikanischer Schauspieler, Regisseur, Produzent und Oscar-Preisträger!

Am Meet-&-Greet-Abend vor der Verleihung, den wir über einen langen roten Teppich erreichen, mokiere ich mich über den Sekt. Der ist mir etwas zu sauer. Na ja, kein Wunder: Es ist Champagner, und der ist eben trocken.

Kirsten ist immer Kirsten geblieben. Trotz aller großen Events und Auszeichnungen. Sie verstellt sich nie. Das ist mit Sicherheit ein Grund, warum so viele sich an Kirsten erinnern können und immer gerne mit ihr arbeiten. Ich bewundere sie wegen dieser Natürlichkeit, obwohl es dann und wann extreme Situationen gibt. Sie bleibt immer ruhig und souverän, auch wenn sie mal bei einem Sportlerball allein mit dem Bundespräsidenten, Thomas Gottschalk, dem Daimler-Chef, Franz Beckenbauer, Katarina Witt oder anderen Hochkarätern an einem Tisch sitzt. Ich denke, ich schlage mich ganz gut als Kirstens Begleitservice. Ihre Stärke reicht für mich mit.

Es ist nie langweilig, wenn wir zusammen unterwegs sind. Wir spulen mit dem Auto ordentlich Kilometer ab. Da kennt Kirsten ja gar nichts. Ihre Boxen hämmern zur Musik, und unsere goldenen Stimmen tönen als Background durchs Auto. Welch ein Glück, dass wir alleine sind. Diese Mobilität und Flexibilität ist für Kirsten sehr wichtig. Sie weiß genau, was sie will. Sie ist in allen Belangen des Lebens ein straighter Typ und in keinem Bereich wirklich auf Hilfe angewiesen. Ich bewundere ihre Unabhängigkeit, die ich selbst definitiv nicht habe.

Wenn es jemand verdient hat, glücklich zu sein, dann Kirsten. Und auf dem Weg, ihr Glück zu vervollständigen, ist sie ja nun. Sie lebt mit ihrem Freund Phillip in Berlin zusammen. Und doch, bei all dem Erfolg, sehe ich in Kirsten immer die Kirsten, die ich 1994 kennengelernt habe, und erschrecke manchmal, wenn mir bewusst wird, wie erfolgreich sie wirklich ist.

Ihr Unfall und die Folgen sind furchtbar. Aber ohne ihn hätte ich Kirsten nie kennengelernt. Sie als Freundin zu haben, ist ein großes Glück!

Die Querschnittlähmung – Eine Begriffsklärung

von Petra Ahmann

Immer wieder als äußerst erschreckend bezeichnet werden die ersten Tage und Wochen nach einer Rückenmarksverletzung. Das Opfer befindet sich während dieser Zeit im spinalen Schockzustand. Bei Verletzungen oberhalb des fünften Brustwirbels kann sich der spinale Schock zum lebensbedrohenden neurogenen Schock ausweiten. Bei diesem versagen Herz- und Kreislaufregulation, und es kann zum Atemstillstand kommen, obwohl die Zentren für diese Funktionen oft weit oberhalb der geschädigten Stelle, in der Medulla Oblongata, zu suchen sind. Aber selbst, wenn er sich nicht zum neurogenen Schock ausweitet, ist der spinale Schock ein Zustand größter Hilflosigkeit.

Genau ab Höhe der Verletzung und unabhängig davon, wie gravierend und bleibend die Schädigung tatsächlich ist, erfolgt ein sofortiger Verlust aller empfindsamen und motorischen Kontrolle des Körpers. Bildlich gesprochen könnte man diesen Zustand so beschreiben, als sei zunächst die Hauptsicherung des ganzen unteren Bereichs des Körpers bei der Verletzung herausgeflogen. Der biologische Hintergrund ist jedoch noch nicht vollständig erforscht.

Die schlaffe Lähmung kann bis zu sechs Wochen andauern und löst sich sehr langsam. Erst nach und nach wird das wirkliche Ausmaß der Rückenmarksverletzung sichtbar. Daher ist es auch für Neurologen nicht leicht, direkt nach einer Verletzung eine konkrete und verbindliche Aussage zum Grad der anstehenden Behinderung zu treffen.

Primärschädigung

Es gibt undenkbar viele mögliche primäre Ursachen für Querschnittlähmungen. Alles, was ein Gewebe zerstören kann, ist auch in der Lage, das Rückenmark zu schädigen. So kann es gequetscht, durchstoßen, zerschnitten, zerrissen, verdrillt, infiziert und sogar verstrahlt werden oder sich in einer Autoimmunattacke selbst verdauen.

Jede Ursache hat physikalische, chemische oder biologische Grundlagen und unterscheidet sich in ihrer typischen Form und Ausprägung von den anderen. Allen gemein ist jedoch, dass auf eine primäre Ursache meist auch eine biologische, sekundäre Ursache folgt.

Je nach Land und Lebensgewohnheit der Bewohner unterscheiden sich die Häufigkeit des Auftretens bestimmter Verletzungsarten voneinander. In Deutschland und den Nachbarstaaten ist die häufigste Ursache für eine mechanisch verursachte Querschnittlähmung der Sturz. Ein Sturz vom Pferd, mit dem Motorrad, beim Skifahren, von Leitern, Tischen, Hockern und anderen gefährlich klapprigen Erhöhungen, ja, sogar der Sturz aus dem Bett. Da die Wirbelsäule elastisch ist, reicht meist der Sturz alleine noch nicht aus. Zu dem Aufprall des Körpers auf das Rückgrat kommt meist noch ein unglücklicher Aufprallwinkel oder ein Hindernis, durch das Wirbelbestandteile abbrechen und in den Spinalkanal verschoben werden oder die eine Überdrehung des Rückenmarks erlauben können.

Was geschieht also mit dem Rückenmark bei einer »typischen« mechanischen Verletzung? Angenommen, der Sturz erfolgt hart auf die Kante eines erhöhten Gegenstandes. Je nach Wucht des Aufpralls kann es dabei zum Trümmerbruch des Wirbeldaches beziehungsweise des Wirbelkörpers kommen. Verschobene Knochenfragmente und auch eine verlagerte Bandscheibe beziehungsweise deren Reste können dabei die Spinalganglien der betreffenden Stelle ebenso quetschen wie auch das Rückenmark im Spinalkanal.

Dabei wirkt die Rückenmarksflüssigkeit zwar als Puffer, wird aber bei entsprechendem Druck – wie Zahnpasta in der Tube – nach oben, unten und in die Spinalganglien hineingequetscht. Dabei werden die gut durchblutete Arachnoidea und Pia mater stark gedrückt, wobei einige Gefäße zerreißen und in das Rückenmark bluten können. Andere Gefäße sind völlig blockiert und können ihren Versorgungsbereich nicht mehr mit Sauerstoff beliefern. Beides führt zum direkten Untergang der Nervenzellen.

Durch das Zerreißen der Axone und eine Unterversorgung mit Sauerstoff beginnen die Nervenzellen und ihre Fortsatzstümpfe zu schwellen, bis an der verletzten Stelle das gesamte Rückenmark angeschwollen ist. Das empfindliche Rückenmark, in einer Knochenzange und mit sich ausdehnenden zahlreichen kleinen Blutungen, wird vom Körpergewicht weiter gequetscht. Bei sofortiger Entlastung des Rückenmarks könnten die Mikroblutungen und die Sauerstoffunterversorgung gestoppt werden. Damit könnte eine solche Quetschung sogar ohne bleibende Folgen verheilen.

Meist kommt die Hilfe jedoch erst Minuten später, wenn die ersten Nervenzellen geschädigt oder abgestorben sind und sich die Blutungen einen Weg ins Nervengewebe gesucht haben. Außerdem müssen die meisten Unfallopfer erst geborgen werden. Je nachdem, wer diese Bergung vornimmt und in welcher Situation sie vonstatten geht, kann es zu zusätzlichen Scherkräften (Verschiebungen) und Verdrehungen des Rückenmarks durch Verlagerung des Körpers mit unfixiertem Rückgrat kommen. Dies lässt sich nicht immer vermeiden, denn meist erfolgt eine solche Verlagerung dann, wenn das Opfer bewusstlos ist und sich nicht über seinen Zustand äußern kann. Ist eine Verdrehung beziehungsweise Verschiebung des Rückenmarks erst einmal hinzugekommen, werden ganze Nervenzellverbände verdrillt, was zwingend den Untergang von Zellen und Fasern zur Folge hat.

Sekundärschädigung

Innerhalb der ersten Woche sterben fast alle Neurone ab, deren Axone bei einer Schädigung des Rückenmarks zerrissen sind. Zunächst schwellen Zellkörper und Axonstumpf an, und schließlich setzt eine Selbstverdauung ein, bei der sich die Zelle in viele kleine, membranumhüllte Bestandteile auflöst. Aber auch die Zellen ober- und unterhalb der verletzten Neurone sind betroffen.

So schwellen in Folge der Wallerschen Degeneration die unteren Neurone an (anterograde transneurale Degeneration), sobald sie den synaptischen Kontakt zum oberen Neuron verlieren. Auch das der sterbenden Zelle vorgelagerte Neuron verliert seinen synaptischen Kontakt und schwillt an (retrograde transneurale Degeneration). Nach einiger Zeit schütten alle betroffenen Zellen Botenstoffe aus, die Immunzellen wie Microglia, Monozyten und Lymphozyten aus dem Blut anlocken. Währenddessen sterben sie ab und werden von den Microglia und Monozyten gefressen.

Nach ungefähr fünf bis sieben Stunden (manche Autoren geben gar mehrere Tage an) sind auch die Microglia durch die Botenstoffe der ersten sterbenden Zellen aktiviert, vermehren sich und folgen der Konzentration dieser Substanzen zum Ort des Sterbens. An Orten mit vielen sterbenden Zellen versammeln sich haufenweise Microglia aus dem umliegenden Gewebe sowie Monozyten aus dem Blut und beginnen damit, die Zellfragmente aufzufressen. Beschädigte Zellen werden durch bestimmte Substanzen von ihnen zum Selbstmord angeregt und ebenfalls gefressen.

Je mehr sterbende Zellen sich in einer Region befinden, desto mehr wird von diesen Selbstmord-Substanzen ausgeschüttet. Ab einer bestimmten Menge von Botenstoffen beginnen die Microglia allerdings, auf alle lebenden Zellen in ihrer Nähe loszugehen, ob diese nun gesund oder beschädigt sind. Sie verfallen geradezu in einen Fressrausch und führen damit zu weiteren, noch massiveren Schäden am Rückenmark.

Kurze Zeit nach Aktivierung der Microglia werden auch die Astrozyten und Oligodendrozyten von den vielen Botenstoffen aktiviert und vermehren sich, bis sie eine fest verzahnte Barriere aus Zellleibern bilden, die Glianarbe.

Diese Vermehrung der aktivierten Astrozyten ist ein normaler Prozess des zentralen Nervensystems und nicht mit genetisch deformierten Krebszellen zu verwechseln. Sobald die Astrozyten um sich herum Zellkontakte verspüren, hören sie auf, sich zu teilen, und deaktivieren sich wieder. Vermutlich dient diese gezielte Vermehrung der statischen Stabilisierung eines Hohlraums, der nach dem Aufräumdienst der Fresszellen sonst lediglich mit Flüssigkeit gefüllt wäre und in sich zusammenbrechen könnte.

Allerdings beherbergt die so entstandene Glianarbe noch eine weitere Eigenschaft, gegen die zurzeit die Forschung zu Felde zieht – sie verhindert zum Beispiel das Wiederauswachsen der ursprünglichen auf- und absteigenden Bahnen vom Gehirn zu den Gliedmaßen. Damit ist die Glianarbe unter anderem auch mitverantwortlich dafür, dass Rückenmarksverletzungen zur chronischen Querschnittlähmung führen.

Die Ausbildung und Wirkungsweise der Glianarbe hängt wohl auch unmittelbar mit dem Absterben der Neurone beziehungsweise deren Axone aus diesem Bereich zusammen. So zeigten neuere Studien verschiedener Gruppen, dass man die wachstumshemmende Wirkung der Glianarbe auch damit stören kann, dass man die geschädigten Neurone vor ihrem Absterben schützt. Wie dieser Mechanismus funktioniert, ist jedoch noch nicht verstanden und Gegenstand der aktuellen Neuroprotektionsforschung.

Querschnittlähmung bezeichnet ein Lähmungsbild, das aus einer unvollständigen oder vollständigen Schädigung des Rückenmark-Querschnittes resultiert. Unfälle mit einer Bruchverletzung der Wirbelsäule stellen nach wie vor die Hauptursache neben Erkrankungen und Tumoren dar. Durchschnittlich ist mit jährlich etwa tausend unfallbedingten Querschnittlähmungen in der Bundesrepublik zu rechnen, wovon etwa sechzig Prozent eine Schädigung des Halsmarks erleiden.

Paraplegie bedeutet, je nach Lage der Rückenmarksverletzung, Lähmung der Rumpf- und Beinmuskulatur sowie den Verlust des Empfindungsvermögens für Berührung, Schmerz, Temperaturen und Lagesinn. Zusätzlich sind Darm-, Blasen- und Sexualfunktion gestört.

Tetraplegie bedeutet darüber hinaus Lähmung auch an den Armen, also an allen vier Gliedmaßen. Die Schädigung des Halsmarks führt zusätzlich zu einer Beeinträchtigung der Atmung.

Was bedeutet komplett/inkomplett?

Nach einer Verletzung führt der Arzt oft neurologische Untersuchungen durch, um zu bestimmen, ob das Ausmaß des Schadens am Rückenmark vollständig (komplett) oder unvollständig (inkomplett) ist und um die Höhe der Verletzung zu bestimmen. Im Allgemeinen bestehen diese Untersuchungen darin, Muskeln, Reflexe und Empfindungen der Haut (Sensibilität) zu überprüfen.

Eine Rückenmarksverletzung, die den totalen Verlust von Muskelkraft und Sensibilität unterhalb der Verletzung verursacht, heißt komplette Lähmung. Normale Funktionen können bei dieser Art Verletzung nicht wiedererlangt werden. Die inkomplette Lähmung ist eine Rückenmarksverletzung, die nicht den totalen Verlust von Motorik (= Bewegungsfähigkeit) und/oder Sensibilität zur Folge hat. Es gibt vielfältige Kombinationen von Restmotorik und Restsensibilität bei einer inkompletten Lähmung. Zum Beispiel kann jemand keine Muskelkraft mehr haben, dafür aber teilweises Empfindungsvermögen.

veröffentlicht auf www.startrampe.net

Daten und Zeiten meiner Karriere

Als ich 2002 die Wettkämpfe aufnehme, wird mein Körper in einem Banktest vermessen, und ich werde in zwei Startklassen eingruppiert. Die Einteilung gilt als Schlüssel der Sportwettkämpfe. Auch wenn Ungerechtigkeiten nie ganz zu beseitigen sind, herrschen doch im Wesentlichen gleiche Voraussetzungen für alle Teilnehmer. Natürlich gibt es Sportler, die sich an der Grenze bewegen und dabei auch den einen oder anderen kleinen Vorteil herauskitzeln. That's life.

Bei den Wettkämpfen – hier meine ich insbesondere die Internationalen Deutschen Meisterschaften in Berlin – bin ich als Vorlaufsiegerin Titelträgerin meiner Startklasse. Die Sieger schwimmen in offenen Finals gegen die Sieger der anderen Startklassen und geben so einen besseren Einblick in das individuelle Leistungsvermögen.

Die vollständigen Erläuterungen, auch der anderen Sportarten, können beim Bundesinstitut für Sportwissenschaft erfragt werden. Ich habe auf die Wiederholung der Angaben bei meinen Wettkämpfen verzichtet.

Von gestern bis heute:
(Fast) alle meine Starts und Zeiten

2002

*16. Internationale Deutsche Meisterschaften (IDM) in Berlin
vom 21. bis 23. Juni 2002 (50-m-Bahn)*
1. Platz 50 m Rücken in 43,10 Sek.
3. Platz 100 m Rücken in 1:36,61 Min.
4. Platz 50 m Freistil in 39,12 Sek.
4. Platz 100 m Freistil in 1:28,40 Min.

*Deutsche Kurzbahnmeisterschaften in Chemnitz vom 2. bis
3. November 2002 (25-m-Bahn)*
1. Platz 50 m Brust in 53,25 Sek. – mein erster Weltrekord
2. Platz 25 m Freistil in 17,76 Sek.
3. Platz 50 m Rücken in 44,06 Sek.
5. Platz 100 m Freistil in 1:28,86 Min.
7. Platz 50 m Freistil in 39,73 Sek.

*Hamburger Meisterschaften 2002 am 17. November 2002
(25-m-Bahn)*
1. Platz 50m Brust in 52,26 Sek. – Weltrekord

2003
*Offene Berliner-Brandenburger Meisterschaften in Berlin am
6. April 2003 (50-m-Bahn)*
1. Platz 100 m Freistil in 1:25,77 Min.
1. Platz 50 m Freistil in 38,71 Sek.
1. Platz 100 m Rücken in 1:38,07 Min.
1. Platz 50 m Rücken in 38,71 Sek.
1. Platz 100 m Brust in 1:59,66 Min.
1. Platz 50 m Brust in 45,83 Sek.

Landesmeisterschaften in Braunschweig am 26. April 2003
(25-m-Bahn)
1. Platz 100 m Freistil in 1:24,33 Min.
1. Platz 50 m Freistil in 38,07 Sek.
1. Platz 25 m Freistil in 17,19 Sek.
1. Platz 100 m Rücken in 1:37,06 Min.
1. Platz 50 m Rücken in 43,96 Sek.
1. Platz 100 m Brust in 1:55,80 Min.
1. Platz 50 m Brust in 51,60 Sek.
1. Platz 25 m Brust in 23,13 Sek.

17. Internationale Deutsche Meisterschaften (IDM) in Berlin
vom 27. bis 29. Juni 2003 (50-m-Bahn)
1. Platz 100 m Freistil in 1:21,47 Min.
1. Platz 50 m Freistil in 37,16 Sek.
1. Platz 100 m Rücken in 1:35,33 Min.
1. Platz 50 m Rücken in 43,04 Sek.
1. Platz 100 m Brust in 1:54,38 Min.
1. Platz 50 m Brust in 49,73 Sek.

Canadian Open in Edmonton (Kanada) vom 17. bis 20. Juli
2003 (50-m-Bahn)
5. Platz 50 m Freistil in 37,17 Sek.
5. Platz 100 m Freistil in 1:21,64 Min.
Qualifikation fürs Finale: 200 m Freistil in 2:58,36 Min.
    (aus taktischen Gründen vom Finale abgemeldet)
2. Platz 100 m Rücken in 1:32,34 Min.
1. Platz 100 m Brust in 1:51,47 Min. – Weltrekord im Vorlauf
2. Platz 4 x 50 m Freistil-Staffel Germany
2. Platz 4 x 50 m Lagen-Staffel Germany
    (keine Startklassen)
3. Platz 4 x 100 m Freistil-Staffel Germany

Kurzbahnmeisterschaften in Chemnitz vom 22. bis
23. November 2003 (25-m-Bahn)
1. Platz 50 m Brust in 49,26 Sek.– Weltrekord
2. Platz 100 m Brust in 1:51,75 Min.
3. Platz 50 m Rücken in 44,48 Sek.
2. Platz 100 m Rücken in 1:33,34 Min.
1. Platz 25 m Freistil in 16,51 Sek.
2. Platz 50 m Freistil in 36,68 Sek.
2. Platz 100 m Freistil in 1:18,76 Min.

2004

Danish Open in Esbjerg (Dänemark) vom 5. bis 7. März 2004
(50-m-Bahn)
1. Platz 100 m Brust in 1:52,13 Min.
2. Platz 100 m Rücken in 1:32,06 Min.
2. Platz 50 m Freistil in 36,23 Sek.
2. Platz 400 m Freistil in 6:10,30 Min.
3. Platz 100 m Freistil in 1:21,34 Min.

Chemnitz-Meisterschaften am 13. März 2004 (50-m-Bahn)
1. Platz 100 m Brust in 1:52,77 Min.
1. Platz 50 m Brust in 50,63 Sek.
1. Platz 100 m Rücken in 1:32,19 Min.
1. Platz 50 m Freistil in 36,02 Sek.
1. Platz 100 m Freistil in 1:20,31 Min.

Sachsen-Meisterschaften in Leipzig vom 19. bis 20. März 2004
(50-m-Bahn)
1. Platz 50 m Brust in 49,80 Sek. – Weltrekord
1. Platz 100 m Brust in 1:53,88 Min.
1. Platz 50 m Freistil in 36,46 Sek.
1. Platz 100 m Freistil in 1:20,80 Min.
1. Platz 50 m Rücken in 43,26 Sek.
1. Platz 100 m Rücken in 1:33,17 Min.

18. Internationale Deutsche Meisterschaften (IDM) in Berlin
vom 28. bis 30. Mai 2004 (50-m-Bahn)

1. Platz 50 m Brust in 48,12 Sek. – Weltrekord
1. Platz 100 m Brust in 1:53,88 Min.
1. Platz 50 m Freistil in 35,05 Sek. – Europarekord
1. Platz 100 m Freistil in 1:15,75 Min. – Europarekord
1. Platz 50 m Rücken in 40,99 Sek.
2. Platz 100 m Rücken in 1:33,18 Min.

Paralympics 2004 in Athen (Griechenland) vom 17. bis
28. September 2004

Gold: 100 m Brust in 1:52,81 Min. – Paralympischer Rekord
Silber: 100 m Rücken in 1:29,46 Min.
Silber: 50 m Freistil in 34,92 Sek. – Europarekord
Bronze: 100 m Freistil in 1:15,89 Min.
1. Platz (Vorlauf) 100 m Freistil in 1:15,41 Min. – Europarekord
1. Platz (Vorlauf) 400 m Freistil in 5:35,04 Min.
4. Platz 400 m Freistil in 5:39,65 Min.

Deutsche Kurzbahnmeisterschaften in Chemnitz vom 27. bis
28. November 2004 (25-m-Bahn)

1. Platz 50 m Brust in 50,87 Sek. – Weltrekord
1. Platz 50 m Freistil in 35,77 Sek.
1. Platz 25 m Freistil in 16,82 Sek.
2. Platz 100 m Brust in 1:59,07 Min.
3. Platz 100 m Freistil in 1:20,78 Min.
3. Platz 100 m Rücken in 1:34,31 Min.
3. Platz 50 m Rücken in 45,34 Sek.

2005

Danish Open in Esbjerg (Dänemark) vom 11. bis 13. März 2005
(50-m-Bahn)

1. Platz (Vorlauf) 50 m Brust in 51,46 Sek.
1. Platz (Vorlauf) 100 m Brust in 2:02,04 Min. (Finale wegen
   Verletzung abgemeldet)
1. Platz (Vorlauf) 50 m Rücken in 42,67 Sek.

2. Platz 50 m Rücken 43,36 Sek.

1. Platz (Vorlauf) 100 m Rücken in 1:32,16 Min.

1. Platz (Vorlauf) 50 m Freistil in 37,41 Sek.

1. Platz (Vorlauf) 100 m Freistil in 1:21,14 Min.

1. Platz 100 m Freistil in 1:18,31 Min.

1. Platz 400 m Freistil in 5:57,23 Min.

19. Internationale Deutsche Meisterschaften (IDM) in Berlin vom 23. bis 26. Juni 2005 (50-m-Bahn)

1. Platz 200 m Freistil in 2:35,80 Min. – Weltrekord

1. Platz (Vorlauf) 100 m Freistil in 1:13,16 Min. – Weltrekord

1. Platz 100 m Freistil in 1:11,61 Min. – Weltrekord

1. Platz 50 m Freistil in 33,83 Sek. – Weltrekord

1. Platz 50 m Brust in 48,28 Sek. – Europarekord

1. Platz 100 m Brust in 1:51,97 Min.

1. Platz 100 m Rücken in 1:25,77 Min.

2. Platz 50 m Rücken in 40,48 Sek.

1. Platz 4 x 100 m Freistil-Staffel Germany

1. Platz 4 x 100 m Lagen-Staffel Germany

Deutsche Kurzbahnmeisterschaften in Chemnitz vom 26. bis 27. November 2005 (25-m-Bahn)

1. Platz 50 m Brust in 49,11 Sek.

1. Platz 50 m Freistil in 34,43 Sek.

1. Platz 200 m Freistil in 2:40,19 Min.

1. Platz 100 m Freistil in 1:13,00 Min.

1. Platz 25 m Freistil in 15,64 Sek.

1. Platz 100 m Rücken in 1:29,82 Min.

2. Platz 100 m Brust in 1:51,42 Min.

2. Platz 50 m Rücken in 42,46 Sek.

Bitter: Die vier Weltrekorde in 50 m Brust, 50 m Freistil, 200 m Freistil und 100 m Freistil wurden nachträglich aberkannt, weil die offiziellen Kriterien durch den Ausrichter nicht eingehalten worden sind.

US-Open in Minneapolis (USA) vom 8. bis 10. Dezember 2005
(50-m-Bahn)

1. Platz 50 m Brust in 47,46 Sek. – Weltrekord
1. Platz 100 m Rücken in 1:25,61 Min. – Europarekord
1. Platz 50 m Rücken in 42,14 Sek.
1. Platz 100 m Brust in 1:58,26 Min.
2. Platz 50 m Freistil in 34,10 Sek.
2. Platz 100 m Freistil in 1:14,23 Min.

2006

Danish Open in Esbjerg (Dänemark) vom 10. bis 12. März
2006 (50-m-Bahn)

1. Platz 100 m Freistil in 1:14,66 Min.
1. Platz 50 m Freistil in 34,34 Sek.
1. Platz 100 m Brust in 1:51,63 Min.
1. Platz 50 m Brust in 48,84 Sek.
1. Platz 100 m Rücken in 1:28,36 Min.
1. Platz 50 m Rücken in 41,21 Sek.

Visa Paralympic World Cup in Manchester (Großbritannien)
vom 4. bis 7. Juni 2006 (50-m-Bahn)

1. Platz 50 m Freistil in 33,61 Sek. – Weltrekord

20. Internationale Deutsche Meisterschaften (IDM) in Berlin
vom 1. bis 4. Juni 2006 (50-m-Bahn)

1. Platz (Vorlauf) 100 m Brust in 1:54,72 Min.
1. Platz (Offene Klasse) 50 m Brust in 48,48 Sek.
1. Platz (Offene Klasse) 100 m Freistil in 1:14,43 Min.
1. Platz (Offene Klasse) 50 m Freistil in 33,53 Sek. – Weltrekord
2. Platz (Offene Klasse) 100 m Rücken in 1:26,70 Min.
1. Platz (Vorlauf) 50 m Rücken in 40,66 Sek. – Europarekord
1. Platz (Offene Klasse) 50 m Rücken in 39,86 Sek. – Weltrekord
In der offenen Klasse erfolgt die Wertung nach der 1000-Punktetabelle des DBS (Schwimmen)

Deutsche Kurzbahnmeisterschaften in Chemnitz vom 11. bis
12. November 2006 (25-m-Bahn)

1. Platz 200 m Freistil in 2:38,53 Min. – Weltrekord
1. Platz 100 m Freistil in 1:14,25 Min. – Weltrekord
1. Platz 50 m Freistil in 34,55 Sek. – Weltrekord
1. Platz 100 m Brust in 1:46,82 Min. – Weltrekord
1. Platz 50 m Brust in 47,62 Sek. – Weltrekord
1. Platz 100 m Rücken in 1:25,89 Min.
1. Platz 50 m Rücken in 40,58 Sek.– Weltrekord

Weltmeisterschaften in Durban (Südafrika) vom 2. bis
7. Dezember 2006 (50-m-Bahn)

Weltmeister: 100 m Rücken in 1:26,63 Min.
1. Platz (Vorlauf) 100 m Brust in 1:43,36 Min. – Weltrekord
Weltmeister: 100 m Brust in 1:43,22 Min. – Weltrekord
Vizeweltmeister: 50 m Freistil in 34,28 Sek.
Vizeweltmeister: 100 m Freistil in 1:13,44 Min.
Vizeweltmeister: 400 m Freistil in 5:27,15 Min. – Europarekord
3. Platz 4 x 100 m Freistil-Staffel Germany

2007

Danish Open in Esbjerg (Dänemark) vom 9. bis 11. März 2007
(50-m-Bahn)

1. Platz 100 m Freistil in 1:15,69 Min.
1. Platz 100 m Brust in 1:47,49 Min.
1. Platz 100 m Rücken in 1:25,74 Min.
1. Platz 50 m Rücken in 40,73 Sek.
1. Platz (Vorlauf) 50 m Brust in 47,42 Sek. – Weltrekord
1. Platz 50 m Brust in 46,08 Sek. – Weltrekord
1. Platz 50 m Freistil in 34,44 Sek.

21. Internationale Deutsche Meisterschaften (IDM) in Berlin
vom 24. bis 27. Mai 2007 (50-m-Bahn)

1. Platz 100 m Brust in 1:41,86 Min. – Weltrekord
1. Platz 100 m Freistil in 1:12,96 Min.
1. Platz 200 m Rücken in 2:57,56 Min. – Weltrekord

1. Platz 50 m Freistil in 33,77 Sek.
1. Platz 200 m Brust in 3:38,02 Min. – Weltrekord
2. Platz 100 m Rücken in 1:25,71 Min.

*Canadian Open in Vancouver (Kanada) vom 13. bis 15. Juli
2007 (50-m-Bahn)*
1. Platz 100 m Brust in 1:42,65 Min.
1. Platz 100 m Freistil in 1:13,34 Min.
1. Platz 50 m Freistil in 33,43 Sek. – Weltrekord
1. Platz 100 m Rücken in 1:26,63 Min.
1. Platz 50 m Rücken in 40,07 Sek.

*Berner Sprintnacht (Schweiz) vom 3. bis 4. November 2007
(25-m-Bahn)*
1. Platz 100 m Brust in 1:44,12 Min. – Weltrekord

*Deutsche Kurzbahnmeisterschaften in Chemnitz vom 17. bis
18. November 2007 (25-m-Bahn)*
1. Platz 200 m Freistil in 2:41,21 Min.
1. Platz 100 m Freistil in 1:15,15 Min.
1. Platz 50 m Freistil in 34,49 Sek. – Weltrekord
1. Platz 25 m Freistil in 16,32 Sek.
1. Platz 100 m Brust in 1:43,28 Min. – Weltrekord
1. Platz 50 m Brust in 47,75 Sek.
1. Platz 100 m Rücken in 1:26,32 Min.
1. Platz 50 m Rücken in 40,70 Sek.

*British Open in Swansea (Großbritannien) vom 8. bis
9. Dezember 2007 (50-m-Bahn)*
1. Platz 50 m Freistil in 34,35 Sek.
1. Platz 100 m Freistil in 1:15,36 Min.
1. Platz 100 m Rücken in 1:29,42 Min.
1. Platz 200 m Rücken in 3:06,16 Min.
1. Platz 100 m Brust in 1:45,07 Min.
1. Platz 200 m Brust in 3:40,98 Min.

2008

Danish Open in Esbjerg (Dänemark) vom 7. bis 9. März 2008
(50-m-Bahn)

1. Platz 100 m Brust in 1:41,80 Min. – Weltrekord
1. Platz 100 m Rücken in 1:26,49 Min.
1. Platz 50 m Freistil in 34,33 Sek.
1. Platz 100 m Freistil in 1:14,80 Min.
1. Platz 400 m Freistil in 5:37,94 Min.

British Open in Sheffield (Großbritannien) vom 25. bis
27. April 2008 (50-m-Bahn)

1. Platz 100 m Brust in 1:39,60 Minuten – Weltrekord
1. Platz (Vorlauf) 100 m Brust in 1:40,29 Min. – Weltrekord
1. Platz 50 m Freistil in 34,86 Sek.
1. Platz 100 m Freistil in 1:14,92 Min.
1. Platz 100 m Rücken in 1:25,90 Min.

22. Internationale Deutschen Meisterschaften (IDM) in Berlin
vom 22. bis 25. Mai 2008 (50-m-Bahn)

1. Platz (Vorlauf) 100 m Brust in 1:38,99 Min. – Weltrekord;
1. Platz 100 m Brust in 1:39,90 Min.
1. Platz (Vorlauf) 100 m Freistil in 1:15,66 Min.
3. Platz 100 m Freistil in 1:15,04 Min.
1. Platz (Vorlauf) 400 m Freistil in 5:44,28 Min.
1. Platz (Vorlauf) 100 m Rücken in 1:25,68 Min.
3. Platz 100 m Rücken in 1:25,39 Min. – Weltrekord
1. Platz (Vorlauf) 50 m Freistil in 34,77 Sek.
3. Platz 50 m Freistil in 34,79 Sek.

Paralympics in Peking (China) vom 6. bis 17. September 2008
Gold: 100 m Brust in 1:36,92 Min. – Paralympischer Rekord
Silber: 100 m Rücken in 1:25,97 Min.
Bronze: 100 m Freistil in 1:12,93 Min.
Bronze: 400 m Freistil in 5:28,22 Min.
Bronze: 50 m Freistil in 34,50 Sek.
1. Platz (Vorlauf) 100 m Rücken in 1:26,54 Min.

1. Platz (Vorlauf) 50 m Freistil in 34,77 Sek.
1. Platz (Vorlauf) 100 m Brust in 1:36,30 Min. – Weltrekord
   und Paralympischer Rekord
1. Platz (Vorlauf) 100 m Rücken in 1:26,54 Min.
3. Platz (Vorlauf) 400 m Freistil in 5:43,32 Min.

*Deutsche Kurzbahnmeisterschaften in Chemnitz vom 15. bis
16. November 2008 (25-m-Bahn)*
1. Platz 50 m Brust in 44,79 Sek. – Weltrekord
1. Platz 100 m Brust in 1:39,70 Min. – Weltrekord
1. Platz 25 m Freistil in 15,88 Sek.
1. Platz 50 m Freistil in 34,74 Sek.
1. Platz 50 m Rücken in 40,95 Sek.

2009

*Danish Open in Esbjerg (Dänemark) vom 6. bis 8. März 2009
(50-m-Bahn)*
1. Platz 50 m Brust in 45,98 Sek. – Weltrekord
1. Platz 50 m Freistil in 34,86 Sek.
1. Platz 100 m Freistil in 1:15,89 Min.
1. Platz 50 m Rücken in 41,74 Sek.
2. Platz 100 m Rücken in 1:26,85 Min.
Disqualifikation (Vorlauf) 100 m Brust

*British Open in Sheffield (Großbritannien) vom 15. bis 17. Mai
2009 (50-m-Bahn)*
1. Platz (Offene Klasse) 100 m Brust in 1:36,19 Min. –
   Weltrekord
1. Platz (Offene Klasse) 100 m Freistil in 1:12,94 Min.
1. Platz (Offene Klasse) 100 m Rücken in 1:24,56 Min. –
   Europarekord
2. Platz (Offene Klasse) 50 m Freistil in 33,68 Sek.

23. Internationale Deutschen Meisterschaften (IDM) in Berlin
vom 28. bis 31. Mai 2009 (50-m-Bahn)
1. Platz 100 m Rücken in 1:23,89 Min. – Weltrekord
1. Platz 200 m Rücken in 2:56,35 Min. – Weltrekord
1. Platz 50 m Brust in 43,69 Min. – Weltrekord
1. Platz 100 m Brust in 1:34,02 Min. – Weltrekord
1. Platz 200 m Brust in 3:23,12 Min. – Weltrekord
1. Platz 50 m Freistil in 33,97 Sek.
1. Platz (Vorlauf) 50 m Rücken in 41,38 Sek.
1. Platz (Vorlauf) 100 m Rücken in 1:24,53 Min.
1. Platz (Vorlauf) 50 m Brust in 44,06 Sek.
1. Platz (Vorlauf) 100 m Brust in 1:35,85 Min. – Weltrekord
1. Platz (Vorlauf) 50 m Freistil in 34,65 Sek.
1. Platz (Vorlauf) 100 m Freistil in 1:12,83 Min.

Europameisterschaften in Reykjavik (Island) vom 18. bis
26. Oktober 2009 (50-m-Bahn)
Europameister: 400 m Freistil in 5:24,91 Min. – Europarekord
Europameister: 50 m Freistil in 33,96 Sek.
Europameister: 100 m Brust in 1:35,12 Min.
Europameister: 100 m Freistil in 1:13,69 Min.
Europameister: 100 m Rücken in 1:23,63 Min. – Weltrekord
3. Platz 4 x 100 m Freistil-Staffel Germany
4. Platz 4 x 100 m Lagen-Staffel Germany

Deutsche Kurzbahnmeisterschaften in Wuppertal vom 14. bis
15. November 2009 (25-m-Bahn)
Disqualifikation: 100 m Rücken
1. Platz 50 m Brust in 43,53 Sek. – Weltrekord
1. Platz 100 m Brust in 1:35,41 Min. – Weltrekord
1. Platz 200 m Brust in 3:26,83 Min. – Weltrekord
1. Platz 50 m Freistil in 33,43 Sek. – Weltrekord
1. Platz 100 m Freistil in 1:13,80 Min. – Weltrekord
1. Platz 200 m Freistil in 2:35,13 Min. – Weltrekord

Kurzbahn-Weltmeisterschaft in Rio de Janeiro (Brasilien) vom
29. November bis 5. Dezember 2009 (25-m-Bahn)
Weltmeister: 100 m Rücken in 1:21,72 Min. – Weltrekord
Weltmeister: 100 m Brust in 1:35,30 Min. – Weltrekord
3. Platz 50 m Freistil in 33,39,00 Min. – Europarekord
3. Platz 100 m Freistil in 1:11,90 Min. – Europarekord
4. Platz 400 m Freistil in 5:34,16 Min – Europarekord
(Vorlauf) 400 m Freistil in 5:46,52 Min. – Europarekord
1. Platz (Vorlauf) 100 m Rücken in 1:23,77 Min. – Weltrekord

2010

Danish Open in Esbjerg (Dänemark) vom 12. bis 14. März
2010 (50-m-Bahn)
1. Platz (Offene Klasse) 100 m Freistil in 1:18,88 Min.
1. Platz (Offene Klasse) 100 m Brust in 1:39,88 Min.
2. Platz (Offene Klasse) 100 m Rücken in 1:31,69 Min.
1. Platz (Offene Klasse) 50 m Rücken in 42,93 Sek.
1. Platz (Offene Klasse) 50 m Brust in 44,97 Sek.
1. Platz (Offene Klasse) 50 m Freistil in 35,41 Sek.
1. Platz 100 m Freistil in 1:20,00 Min.
1. Platz 100 m Brust in 1:40,20 Min.
1. Platz 100 m Rücken in 1:31,96 Min.
1. Platz 50 m Rücken in 43,47 Sek.
1. Platz 50 m Brust in 45,87 Sek.
1. Platz 50 m Freistil in 35,34 Sek.

24. Internationale Deutsche Meisterschaften (IDM) in Berlin
vom 17. bis 20. Juni 2010 (50-m-Bahn)
1. Platz 100 m Brust in 1:35,67 Min.
1. Platz 100 m Rücken in 1:25,89 Min.
1. Platz 100 m Freistil in 1:14,01 Min.
1. Platz 50 m Brust in 43,89 Sek.
1. Platz 50 m Rücken in 39,54 Min. – Weltrekord
2. Platz 50 m Freistil in 33,70 Sek.

*Weltmeisterschaften in Eindhoven (Niederlande) vom 15. bis
21. August 2010 (50-m-Bahn)*
Weltmeister: 100 m Brust in 1:33,85 Min. – Weltrekord
Weltmeister: 100 m Rücken in 1:23,19 Min. – Weltrekord
5. Platz 50 m Freistil in 34,48 Sek.
5. Platz 100 m Freistil in 1:14,04 Min.

2011
*Danish Open in Esbjerg (Dänemark) vom 11. bis 13. März 2011
(50-m-Bahn)*
1. Platz 100 m Freistil in 1:16,14 Min.
1. Platz 50 m Freistil in 34,58 Sek.
2. Platz 100 m Brust in 1:39,11 Min.
2. Platz 50 m Brust in 44,25 Sek.
2. Platz 100 m Rücken in 1:26,44 Min.
1. Platz 50 m Rücken in 41,47 Sek.

*British Open in Sheffield (Großbritannien) vom 8. bis 10. April
2011 (50-m-Bahn)*
1. Platz 100 m Rücken in 1:26,70 Min.
1. Platz 100 m Brust in 1:37,21 Min.
1. Platz 100 m Freistil in 1:13,85 Min.
1. Platz 50 m Freistil in 34,54 Sek.
2. Platz 400 m Freistil in 5:36,20 Min.

*25. Internationale Deutsche Meisterschaften (IDM) in Berlin
vom 28. April. bis 1. Mai 2011 (50-m-Bahn)*
1. Platz 100 m Freistil in 1:15,51 Min.
1. Platz 50 m Freistil in 34,47 Sek.
1. Platz 200 m Brust in 3:29,56 Min.
1. Platz 100 m Brust in 1:39,52 Min.
1. Platz 50 m Brust in 44,68 Sek.
1. Platz 200 m Rücken in 3:01,72 Min.
2. Platz 100 m Rücken in 1:26,29 Min.
2. Platz 50 m Rücken in 42,60 Sek.

Offene Final-Wertung der acht Schnellsten des gesamten Wettkampfes nach Punkten:

1. Platz 200 m Brust in 3:29,56 Min.
2. Platz 50 m Brust in 44,29 Sek.
2. Platz 200 m Rücken in 3:01,72 Min.
3. Platz 100 m Brust in 1:37,20 Min.
3. Platz 50 m Freistil in 34,49 Sek.
5. Platz 50 m Rücken in 41,10 Sek.
7. Platz 100 m Rücken in 1:27,48 Min.
8. Platz 100 m Freistil in 1:15,29 Min.

IPC Swimming European Championship (Europameisterschaften) in Berlin vom 3. bis 10. Juli 2011 (50-m-Bahn)
Europameister: 100 m Brust in 1:36,15 Min.
Vizeeuropameister: 400 m Freistil in 5:27,06 Min.
Vizeeuropameister: 100 m Rücken in 1:26,56 Min.
Vizeeuropameister: 100 m Freistil in 1:12,65 Min.
3. Platz 50 m Freistil in 34,70 Sek.
4. Platz 4 x 50 m Lagen-Staffel
6. Platz 4 x 100 m Freistil-Staffel
5. Platz 4 x 100 m Lagen-Staffel

Deutsche Kurzbahnmeisterschaften in Remscheid vom 26. bis 27. November 2011 (25-m-Bahn)
1. Platz 100 m Rücken in 1:25,47 Min.
1. Platz 50 m Brust in 44,68 Sek.
1. Platz 200 m Brust in 3:26,85 Min.
1. Platz 50 m Freistil in 34,96 Sek.
1. Platz 200 m Rücken in 2:57,82 Min. – Weltrekord
1. Platz 100 m Brust in 1:37,51 Min.

Open Dutch Championships Swimming in Eindhoven (Nieder-
lande) vom 1. bis 4. Dezember 2011 (Olympic/Paralympics
Trials) (50-m-Bahn)

(Vorlauf) 100 m Rücken in 1:26,04 Min.

(Finale) 100 m Rücken in 1:25,20 Min.

    (Quali-Norm für London 2012 geschafft)

(Vorlauf) 100 m Freistil in 1:17,70 Min.

(Finale) 100 m Freistil in 1:16,15 Min.

    (Quali-Norm vorerst verpasst)

2012

Danish Open in Esbjerg (Dänemark) vom 8. bis 11. März 2012
(50-m-Bahn)

1. Platz (Vorlauf) 50 m Brust in 45,57 Sek.

1. Platz (offenes Finale) 50 m Brust in 44,56 Sek.

1. Platz (Vorlauf) 100 m Freistil in 1:15,12 Min.

3. Platz (offenes Finale) 100 m Freistil in 1:15,54 Min.

1. Platz (Vorlauf) 50 m Rücken in 39,91 Sek.

1. Platz (offenes Finale) 50 m Rücken in 40,17 Sek.

1. Platz 100 m Rücken in 1:23,60 Min.

2. Platz (offenes Finale) 100 m Rücken in 1:27,79 Min.

1. Platz (Vorlauf) 100 m Brust in 1:39,18 Min.

1. Platz (offenes Finale) 100 m Brust in 1:38,25 Min.

1. Platz (Vorlauf) 50 m Freistil in 35,50 Sek.

4. Platz (offenes Finale) 50 m Freistil in 35,63 Sek.

British Open in Sheffield (Großbritannien) vom 6. bis 8. April
2012 (50-m-Bahn)

1. Platz 100 m Rücken in 1:21,57 Min. – Weltrekord

2. Platz 50 m Freistil in 35,10 Sek.

1. Platz 100 m Brust 1:36,51 Min.

2. Platz 100 m Freistil in 1:13,78 Min.

    (Quali-Norm für London 2012 geschafft)

26. Internationale Deutsche Meisterschaften (IDM) in Berlin
vom 28. Juni bis 1. Juli 2012 (50-m-Bahn)
1. Platz (Vorlauf) 100 m Rücken in 1:25,03 Min.
3. Platz 100 m Rücken in 1:23,27 Min.
2. Platz (Vorlauf) 50 m Freistil in 35,70 Sek.
4. Platz (B-Finale) 50 m Freistil in 35,60 Sek.
2. Platz (Vorlauf) 100 m Freistil in 1:19,01 Min.
1. Platz (B-Finale) 100 m Freistil in 1:16,18 Min.
1. Platz (Vorlauf) 50 m Rücken in 41,38 Min.
2. Platz (A-Finale) 50 m Rücken in 39,04 Min. – Weltrekord
2. Platz (Offene Klasse) 200 m Rücken in 2:56,76 Min.
1. Platz (Vorlauf) 50 m Brust in 44,96 Sek.
3. Platz (A-Finale) 50 m Brust in 44,55 Min.
1. Platz (Vorlauf) 100 m Brust in 1:38,71 Min.
2. Platz (A-Finale) 100 m Brust in 1:37,78 Min.

Paralympics in London (Großbritannien) 30. August bis
9. September 2012
Gold: 100 m Brust in 1:35,05 Min.
Silber: 100 m Rücken in 1:25,22 Min.
5. Platz 100 m Freistil in 1:14,43 Min.
5. Platz 50 m Freistil in 34,24 Sek.
1. Platz (Vorlauf) 100 m Brust in 1:35,03 Min. –
   Paralympischer Rekord
1. Platz (Vorlauf) 100 m Rücken in 1:25,12 Min.
2. Platz (Vorlauf) 100 m Freistil in 1:14,60 Min.
3. Platz (Vorlauf) 50 m Freistil in 34,34 Sek.

2013
British Open in Sheffield (Großbritannien) vom 25. bis
28. April 2013 – die Finals (50-m-Bahn)
3. Platz 100 m Rücken in 1:24,67 Min.
2. Platz 100 m Brust in 1:37,87 Min.

27. Internationale Deutsche Meisterschaften (IDM) in Berlin vom 22. bis 26. Mai 2013 (50-m-Bahn)

1. Platz (Vorlauf) 100 m Rücken in 1:25,09 Min.
2. Platz (Offene Klasse) 100 m Rücken in 1:23,80 Min.
1. Platz (Vorlauf) 100 m Freistil in 1:17,44 Min.
1. Platz (Vorlauf) 50 m Rücken in 39,61 Sek.
4. Platz (Offene Klasse) 50 m Rücken in 40,67 Sek.
1. Platz (Vorlauf) 50 m Brust in 44,65 Min.
5. Platz (Offene Klasse) 50 m Brust in 44,98 Min.
1. Platz (Vorlauf) 100 m Brust in 1:38,54 Min.
2. Platz (Offene Klasse) 100 m Brust in 1:37,08 Min.
2. Platz (Vorlauf) 50 m Freistil in 36,04 Sek.

Weltmeisterschaften in Montreal (Kanada) vom 12. bis 18. August 2013 (50-m-Bahn)

Weltmeister: 100 m Brust in 1:38,96 Min.
Weltmeister: 100 m Rücken in 1:23,99 Min.
6. Platz 50 m Freistil in 36,06 Sek.

Deutsche Kurzbahnmeisterschaften in Goslar vom 16. bis 17. November 2013 – die Finals (25-m-Bahn)

1. Platz 50 m Brust in 45,18 Sek.
2. Platz 100 m Rücken in 1:23,70 Min.
1. Platz 50 m Rücken in 39,97 Sek.
1. Platz 200 m Brust in 3:29,30 Min.
1. Platz 100 m Brust in 1:38,23 Min.

2014

28. Internationale Deutsche Meisterschaften (IDM) in Berlin vom 24. bis 27. April 2014 (50-m-Bahn)

1. Platz (Vorlauf) 100 m Rücken in 1:24,81 Min.
2. Platz (Offene Klasse) 100 m Rücken in 1:23,74 Min.
3. Platz (Vorlauf) 100 m Freistil in 1:20,79 Min.
1. Platz (Vorlauf) 50 m Rücken in 41,03 Sek.
4. Platz (Offene Klasse) 50 m Rücken in 40,50 Sek.
1. Platz (Vorlauf) 50 m Brust in 44,76 Min.

5. Platz (Offene Klasse) 50 m Brust in 45,16 Min.
1. Platz (Vorlauf) 100 m Brust in 1:39,99 Min.
5. Platz (Offene Klasse) 100 m Brust in 1:39,10 Min.
3. Platz (Vorlauf) 50 m Freistil in 36,20 Sek.

Essener Sparkassen Challenge vom 17. bis 20. Juli 2014 (50-m-Bahn)
1. Platz 50 m Rücken in 39,86 Sek.
1. Platz 50 m Brust in 45,01 Sek.
2. Platz 100 m Brust in 1:40,05 Min.
1. Platz 100 m Rücken in 1:22,37 Min.

Europameisterschaften in Eindhoven (Niederlande) vom 4. bis 9. August 2014 (50-m-Bahn)
Europameister: 100 m Brust in 1:37,90 Min.
3. Platz 50 m Freistil in 36,17 Sek.
Europameister: 100 m Rücken in 1:23,05 Min.
4. Platz 100 m Freistil in 1:17,78 Min.

Deutsche Kurzbahnmeisterschaften in Riesa vom 14. bis 16. November 2014 (25-m-Bahn)
1. Platz 50 m Brust in 46,18 Sek.
1. Platz 100 m Brust in 1:38,37 Min.
1. Platz 50 m Rücken in 38,87 Sek.
2. Platz in 50 m Freistil in 36,21 Sek.
1. Platz 100 m Rücken in 1:24,39 Min.

Gesamtbilanz

3-malige Paralympic-Siegerin
6-malige Weltmeisterin
8-malige Europameisterin
38 Weltrekorde (lange Bahn)
45 Europarekorde (lange Bahn)
50-malige Deutsche Meisterin (lange Bahn)
27 Weltrekorde (kurze Bahn)
31 Europarekorde (kurze Bahn)
54-malige Deutsche Meisterin (kurze Bahn)

Das sind zusammen 34 Medaillen bei Europa- und Weltmeisterschaften sowie Paralympischen Spielen.

Besondere Auszeichnungen

Sportlerin des Jahres 2003 vom Kreissportverband Neumünster – gekürt am 17. Januar 2004 in den Holstenhallen Neumünster
Ebenso verleiht man mir diese Auszeichnung in den Folgejahren bis 2011 sowie 2013 und 2014, Platz zwei 2012; überreicht wird die Trophäe jeweils zu Beginn des nächsten Jahres in den Holstenhallen Neumünster.

Behindertensportlerin des Jahres 2004 – gekürt am 29. Oktober 2004
Anlässlich der Paralympicnight in Düsseldorf werde ich von den Aktivensprechern aus den jeweiligen Sportarten erstmals zur Behindertensportlerin des Jahres 2004 gewählt. Auch im Folgejahr und 2008 erhalte ich diese Auszeichnung.

Sportlerin des Jahres 2004 in Schleswig-Holstein – gekürt am 10. Februar 2004
Auch 2007 werde ich ausgezeichnet und am 6. März 2008 vor dem Champions-League-Heimspiel des THW Kiel gegen den französischen Meister US Ivry in der Kieler Ostseehalle gekürt. 2008, 2009 und 2014 bekomme ich ebenfalls den Titel verliehen, 2012 Platz drei und 2013 Platz zwei.

Ernennung zum Ehrenmitglied im Kreissportverband Neumünster – gekürt am 8. Dezember 2004

Ball des Sports in Baden-Baden am 19. Dezember 2005
11. Platz aller Sportlerinnen Deutschlands, im Folgejahr 12. Platz (Behinderte und Nichtbehinderte zusammen gewertet)

Verleihung des Silbernen Lorbeerblattes am 16. März 2005
Von Bundespräsident Horst Köhler unter Anwesenheit des Bundeskanzlers Gerhard Schröder und des Bundes-

ministers des Inneren Otto Schily erhalte ich im Zeughaus in Berlin die höchste verliehene sportliche Auszeichnung Deutschlands. Als erfolgreiche Paralympionikin erhalte ich auch 2008 (überreicht von Bundespräsident Horst Köhler im Tempodrom Berlin) und 2012 (überreicht durch Bundespräsident Joachim Gauck im Schloss Bellevue in Berlin) die silberne Anstecknadel.

Laureus World Sports Award in Barcelona am 22. Mai 2006
Als einzige deutsche Sportlerin bin ich für den Laureus nominiert in der Kategorie »Sportler mit Behinderung«.

Botschafterin der Deutschen Gesetzlichen Unfallversicherung (DGUV) – seit September 2008

Ernennung zur Botschafterin des Weißen Rings – seit Dezember 2008

Ernennung zur Rotkreuz-Botschafterin für Schleswig-Holstein – am 6. September 2011 bei der AOK-Regionaldirektion in Neumünster

Verleihung des Sport-Bambi am 22. November 2012 im Congress Center Düsseldorf

Gewinnerin des Sparkassenpreises für Vorbilder im Sport – Ehrung am 15. Dezember 2013 in Baden-Baden beim Ball des Sports

Wahl zur Vorsitzenden des Kuratoriums des Deutschen Behindertensportverbandes am 12. Juni 2015 in Bad Godesberg

Vorstandsmitglied im Landessportverband Schleswig-Holstein – seit 20. Juni 2015

Herausragende Ereignisse

Zeitgleich zur Verleihung des Titels Sportlerin des Jahres 2007 vom Kreissportverband Neumünster bin ich im »Sportstudio« des ZDF mit Bundespräsident Horst Köhler zu Gast.

Schirmherrschaft einer Typisierungsaktion zur Leukämie-Bekämpfung am 4. März 2007 in Neumünster

Start der BG-Klinik-Tour der DGUV am 28. April 2008 im Unfallkrankenhaus Berlin

Jury-Mitglied bei der Mister-Germany-Wahl – am 13. Dezember 2008 in Rostock

Jury-Mitglied bei der Miss-Germany-Wahl – am 14. Februar 2008 im Europapark Rust

Start der BG-Klinik-Tour der DGUV am 27. Januar 2010 in Murnau

Aufnahme in das Team Schleswig-Holstein, das der LSV Schleswig-Holstein vor den Olympischen und Paralympischen Spielen am 14. Juni 2011 offiziell benennt.

Teilnahme an der Wahl des Bundespräsidenten am 18. März 2012 in Berlin

Start der BG-Klinik-Tour der DGUV am 24. März 2012 in Duisburg

Eröffnung der Kieler Woche – am 22. Juni 2013 auf der Rathausbühne, gemeinsam mit Ministerpräsident Torsten Albig

Protagonistin im Kinofilm »Gold – Du kannst mehr als Du denkst« – Weltpremiere am 15. Februar in Berlin in der Rubrik »Berlinale Spezial«; Kinopremiere am 28. Februar 2013

Auslosung Halbfinalpartien des DFB-Pokals – am 14. Februar 2014, live in der ARD

Fernsehpremiere vom Kinofilm »Gold – Du kannst mehr als Du denkst« – am 6. März 2014 in der ARD
Ab April 2014 gehört der Film zum Schulunterricht in Hamburg und Bremen.

Zu Gast bei der Talkshow »Markus Lanz« im ZDF – am 18. Juni 2014

Teilnahme am Wettkampf der Vielfalt – Internationaler Inklusions-Schwimm-Cup am 5. Juli 2014 in Neumünster, ebenso am 4. Juli 2015

Umbenennung des Schwimmbades in meiner Geburtsstadt Eutin in »Kirsten-Bruhn-Bad« – Feierstunde am 4. Mai 2015

Inklusiver Sportabzeichen-Tag am 16. Juli 2015 in Kaiserslautern
Ich bin als Sportbotschafterin des Deutschen Olympischen Sportbundes (DOSB) unterwegs.

Bewerbungsbrief für die Austragung der Olympischen und Paralympischen Spiele 2024 in Hamburg – abgesendet am 9. September 2015 in Hamburg

Schwimm-Expertin bei der ARD-Übertragung der Paralympics aus Rio de Janeiro (Brasilien) vom 7. bis 18. September 2016

Bildnachweis: Stefan Arlt (XIII u.) – Kirsten Bruhn privat (106, II o., IV o. r., X o., X u., XV o. r., XVI o.) – Jörg Lühn (I, II u. r., IV u., V o., VII o., VII u., VIII o., VIII u., IX o., XI u., XII, XIV o., XIV u., XVI u.) – Harry Meister (11) – Kai Müllenhoff (XV o., XV u.) – picture-alliance / dpa: Oliver Berg (XIII o.); Gero Breloer (IX u.); Felix Heyder (V u.); Rolf Vennenbernd (VI o., VI u.) – picture-alliance / dpa / dpaweb: Federico Gambarini (IV o. l.); Chryssa Panousiadou (III o.); Paris Papaioannou (III u.) – picture-alliance / Pressefoto Baumann: Hansjürgen Britsch (XI o.) – Percy Rippe (II u. l.) – Britta Steffen privat (13)

ISBN 978-3-355-01844-9

© 2016 Verlag Neues Leben, Berlin
Umschlaggestaltung: Buchgut, Berlin, unter Verwendung
eines Fotos von Kai Müllenhoff
Druck und Bindung: Prosystem, Polen

Die Bücher des Verlags Neues Leben
erscheinen in der Eulenspiegel Verlagsgruppe.

www.eulenspiegel-verlagsgruppe.de